U0566823

本书系国家自然科学基金重点课题"我国集团企业跨国治理与评价研究（71132001）"的研究成果

航空经济发展河南省协同创新中心
Collaborative Innovation Center of Aviation Economy Development, Henan Province
航空技术与经济丛书·研究系列
总 编 ◎ 梁晓夏 李 勇

中国跨国公司董事会资本对其国际化战略的影响

周常宝 著

社会科学文献出版社
SOCIAL SCIENCES ACADEMIC PRESS (CHINA)

"航空技术与经济丛书"编委会

编委会主任
梁晓夏

编委会副主任（按姓氏笔画为序）
Alexander Kirby　李　勇　张　宁　耿明斋　蔡临宁

委　员（按姓氏笔画为序）
Alexander Kirby　马　剑　王庆军　付　磊　刘国华
刘建葆　安惠元　李广慧　李　勇　张志宏　张占仓
张　锐　张延明　张　宁　陈　斌　金　真　柳建民
耿明斋　崔华杰　康省桢　梁晓夏　蔡临宁

序 一

  2013年3月7日，国务院正式批准《郑州航空港经济综合实验区发展规划（2013—2025年）》，这是我国首个作为国家战略的航空港经济发展先行区。郑州航空港经济综合实验区（以下简称"航空港实验区"）批复后呈现快速发展态势。纵向来看，2010~2015年航空港实验区地区生产总值年均增长43.3%，规模以上工业增加值年均增长61.4%，固定资产投资年均增长69.9%，一般公共预算收入年均增长79.1%，进出口总额年均增长411.1%。横向来看，2016年航空港实验区规模以上工业增加值为360.4亿元，地区生产总值为626.2亿元；郑州新郑综合保税区2016年进出口总额为3161.1亿元，首次跃居全国综保区第1位。2016年，郑州新郑国际机场客货运生产再创历史新高，其中旅客吞吐量同比增长20%，国内机场排名跃升至第15位；货邮吞吐量跃居全国各大机场第7位，总量相当于中部六省其他五省省会城市机场货邮吞吐量的总和。实践证明，航空港实验区作为龙头，不断引领和支撑地方经济社会发展，带动河南通过"空中丝路、陆上丝路、网上丝路、立体丝路"，打造河南创新开放的高地，加快跨境电商示范区和中国（河南）自贸区建设，为郑州建设国家中心城市奠定了良好基础。

  作为全国首个国家战略级别的航空港经济发展先行区，航空港实验区的战略定位是国际航空物流中心、以航空经济为引领的现代产业基地、内陆地区对外开放的重要门户、现代航空都市、中原经济区核心增长极。其中，紧扣航空经济发展这一重要主题，突出先行先试、改革创新的时代特征和功能。近几年来的发展实践表明，无论是发展速度，还是发展规模和质量，航空港实验区在许多方面已经赶上或超越了国际上许多典型航空都市，对地方经济社会发展乃至"一带一路"倡议实施产生了积极影响。作为一种新型的经济形态，航空经济的健康发展既需要实践过程的创新和经验总结，也需要创新、建构航空经济理论体系作为行动指导。

郑州航空工业管理学院是一所长期面向航空工业发展培养人才的普通高等院校。在近70年的办学历程中，学校形成了"航空为本、管工结合"的人才培养特色，确立了在航空工业管理和技术应用研究领域的较强优势。自河南省提出以郑州航空港经济综合实验区建设为中原经济发展的战略突破口以来，郑州航空工业管理学院利用自身的学科基础、研究特色与人才优势，全面融入航空港实验区的发展。2012年6月，郑州航空工业管理学院培育设立"航空经济发展协同创新中心"和"航空材料技术协同创新中心"。2012年12月，河南省依托郑州航空工业管理学院设立"河南航空经济研究中心"。2013年6月26日，河南省在实施"2011计划"的过程中，依托郑州航空工业管理学院建立了"航空经济发展河南省协同创新中心"（以下简称"创新中心"）。学校先后与河南省发展和改革委员会、郑州市人民政府、河南省工业和信息化委员会、河南省民航发展建设委员会办公室、河南省机场集团有限公司、河南省民航发展投资有限公司、中国城市临空经济研究中心（北京）、郑州轻工业学院、洛阳理工学院等多家单位联合组建协同创新联盟，协同全国航空经济领域的有识之士，直接参与航空港实验区的立题申请论证、发展规划起草对接等系列工作。

自2012年6月由郑州航空工业管理学院启动实施以来，在河南省教育厅、河南省发改委、河南省民航办等单位给予的大力支持下，创新中心的建设进入快车道。2015年7月1日，中共河南省委办公厅、河南省人民政府办公厅在《关于加强中原智库建设的实施意见》中，将创新中心列入中原高端智库建设规划。2015年12月，河南省教育厅、河南省财政厅下发文件，确定郑州航空工业管理学院"航空技术与经济"学科群入选河南省优势特色学科建设一期工程。2017年3月30日，创新中心理事会又新增了郑州航空港经济综合实验区管委会、中国民用航空河南安全监督管理局、中国民用航空河南空中交通管理分局、中国南方航空河南航空有限公司、中航工业郑州飞机装备有限责任公司、河南省社会科学院和河南财经政法大学7家理事单位，航空特色更为鲜明。

创新中心自成立以来，秉承"真问题、真协同、真研究、真成果"的"四真"发展理念，先后聘请了美国北卡罗来纳大学John D. Kasarda、北京航空航天大学张宁教授、河南大学经济学院名誉院长耿明斋、英国盖特维克机场董事会高级顾问Alexander Kirby、清华大学蔡临宁主任等国内外知名学者担任首席专家，以"大枢纽、大物流、大产业、大都市"为创新主题，以"中心、平台、团队"为创新支撑，以"政产学研用"为创新模式，建立了4个创新平台，组建了20多个创新团队，完成了"郑州航空港经济综合实验区国民经济和社会发展的第十三个五年规划"等一批国家重点社会科学基金、航空港实验区招标项目、自贸区建设等方面课题的研究工作，形成一批理论探索、决策建议、调研报告等。为梳理这些成果的理论和应用价值，并将其以更加科学、系统和规范的方式呈现给广大读者，围绕航空经济理论、航空港实验区发展、中国（河南）自由贸易试验区建设等主题，创新中心推出"航空技术与经济丛书"，从"研究系列""智库报告""译著系列"三个方面，系统梳理航空领域国内外最新研究成果，以飨读者。

尽管编写组人员投入了大量的精力和时间，力求完美，但因时间有限，难免存在一些不足之处。我们期待在汇聚国内外航空技术与经济研究精英、打造航空经济国际创新联盟的过程中不断突破，也希望关心航空经济发展的领导、专家及广大读者不吝赐教，以便丛书不断完善，更加完美！

梁晓夏　李　勇
2017年3月

序 二

中国经济的改革和开放已走过近40个春秋，这是一段让中国人物质生活和精神意识产生剧烈变动的岁月，也是中国经济学探索和研究最为活跃、作用最为显著的时期。

区域经济是发展经济学研究的一个重要课题。谈及区域经济、区域发展，人们经常聚焦社会经济历史的发展趋势、发展道路、发展模式、发展动因和特点等问题，诸如发达地区经济如何长期稳定发展，并保持优势地位；落后地区经济如何跨越式发展，实现赶超；如何打造区域经济的新增长极；等等。

经济社会发展至今，提高产业自主创新能力，走新型工业化道路，推动经济发展方式转变，成为关系我国经济发展全局的战略抉择。因此，我们急需具有附加值高、成长性好、关联性强、带动性大等特点的经济形态即高端产业来引领、带动、提升。郑州航空港经济综合实验区作为中原经济区的核心层，完全具备这些特点。在全球经济一体化和速度经济时代，航空经济日益成为在全球范围内配置高端生产要素的"第五冲击波"，成为提升国家和区域竞争力、促进经济又好又快发展的"新引擎"。

2013年3月7日，国务院正式批准《郑州航空港经济综合实验区发展规划（2013—2025年）》（以下简称《规划》），这标志着中原经济区插上了腾飞的"翅膀"，全国首个航空港经济发展先行区正式起航了。

《规划》的获批既是河南发展难得的战略机遇，也是河南航空经济研究中心与航空经济发展河南省协同创新中心的依托单位——郑州航空工业管理学院千载难逢的发展良机。

  目前，在我国航空经济发展研究中，以介绍、评述和翻译国外研究成果的居多，航空技术与经济发展的理论基础研究尚未引起足够的重视。航空经济发展河南省协同创新中心组织国内外研究力量编著的"航空技术与经济丛书"，正是针对这一重要课题而进行的学术上的有益探索。

  中国的改革仍在继续进行，中国的发展已进入一个新的阶段。既面临诸多挑战，又面临新的机遇。本丛书并不想创造有关航空经济的新概念，而是试图为研究航空经济的学者提供一个研究的理论基础。同时，本丛书还试图从对航空技术与经济实态的观察中抽象出理论，哪怕只能对指导实践产生微薄的作用，我们也将备感欣慰。

  郑州航空港经济综合实验区的建设是一个巨大的、先行先试的创新工程，国内临空经济示范区你追我赶，本丛书也是一个理论和实践相结合的创新。丛书的出版对认识发展航空经济的意义，对了解国内外航空经济发展实践，对厘清航空经济的发展思路具有重要的现实意义。希望本丛书能服务于郑州航空港经济综合实验区的建设，引领国内航空技术与经济研究的热潮！

  特向读者推荐！

张　宁

2017 年 3 月

摘　要

随着新兴经济体跨国公司在世界范围内的投资活动迅速增加，越来越多的中国企业进入国际市场，进行跨国经营。尤其是随着近年来政府实施"走出去"战略和落实"一带一路"倡议，我国企业开始大规模走向国际市场，成为在国际市场崭露头角的跨国公司。然而，跨国公司在进行国际化运营时，经常因为董事会治理机制薄弱而遭遇国际化运营风险事件。

在此背景下，提出以下研究问题：作为新兴经济体，我国的跨国公司在跨国经营过程中，如何发挥董事会治理的有效性，以克服国际化运营过程中出现的风险问题？如何利用董事会成员的经验、知识和社会网络资源提高企业国际化战略决策的科学性，降低国际化运营的不确定性和减少国际化运营的风险？此外，我国跨国公司 CEO 权力会影响董事会资本与其国际化战略的关系吗？更进一步的，如何增强我国跨国公司董事会治理的有效性？

针对上述问题，本书基于国际化理论、制度理论、代理理论和资源依赖理论，采用理论研究、多元统计分析和案例研究等方法，深入探究了跨国公司董事会资本与其国际化战略的关系，跨国公司董事会资本、CEO 权力对其国际化战略的影响，以及跨国公司董事会资本与其国际化战略关系的演化机制。

首先，在国内外相关研究的基础之上，构建跨国公司董事会资本对其国际化战略影响的理论模型。在综述了国际化战略相关理论，如国际化理论、代理理论、资源依赖理论和制度理论，董事会治理有效性和董事会资本相关研究，以及企业董事会与国际化战略关系相关研究的基础上，提出跨国公司董事会资本与其国际化战略关系研究的理论模型。

其次，分析跨国公司董事会资本对其国际化战略的影响机制。基于国际化理论、代理理论和资源依赖理论，探讨董事会资本对企业国际化战略的直接影响。以我国在沪深两市上市的跨国公司为样本，实证研究发现国有跨国公司的董事会人力资本对其国际化战略没有显著影响，而董事会社会资本正向影响企业国际化战略；非国有跨国公司董事会人力资本和社会资本与其国际化战略正相关。研究结论表明，国有上市跨国公司和非国有上市跨国公司董事会治理的有效性对其国际化战略的影响存在差异。

再次，探讨跨国公司CEO权力对董事会资本与其国际化战略关系的调节效应。以我国上市跨国公司为样本，实证研究发现国有跨国公司董事会人力资本和CEO权力的交互作用与其国际化战略的关系不显著。而国有跨国公司CEO权力直接正向影响其国际化战略，表明国有跨国公司CEO权力越大，对其国际化战略的影响越大，存在CEO的堑壕效应。因此，在权力较大的国有跨国公司CEO进行战略决策时，董事会应履行的监督、控制和资源提供的职能无法发挥作用。

同时，非国有跨国公司CEO权力负向调节董事会人力资本与其国际化战略的关系，这与已有研究的结论一致，表明非国有跨国公司董事会构成较为合理，能够就CEO及其高管团队的国际化战略决策发挥监督、控制和资源提供职能。此外，研究还发现，非国有跨国公司的CEO权力负向调节董事会中连锁董事的比例与其国际化战略的关系。

从次，揭示跨国公司董事会资本与其国际化战略关系的演化机制。采用案例研究方法，以联想集团的跨国经营为案例，研究发现跨国公司董事会资本与其国际化战略关系的演化是一个动态的过程。

最后，进一步探讨了在"空中丝绸之路"背景下，中国企业如何进行国际化扩张。以河南民航发展投资有限公司（简称"河南航投"）并购卢森堡国际货运航空公司（简称"卢森堡货航"）为例展开相关分析。河南航投通过收购欧洲最大的航空货物运输公司卢森堡货航的股权，获得了世界级航空运输企业的资源和能力，为推动郑州航空港建设做出了贡献。

通过对上述研究问题的系统分析，本书的创新点主要有以下三点。（1）基于制度理论、资源依赖理论和代理理论，探究跨国公司董事会治理有效性偏低的问题，将董事会治理有效性的研究拓展到对跨国公司国际化战略影响的领域。（2）从新兴经济体跨国公司治理视角，通过实证研究，发现对于国有上市跨国公司与非国有上市跨国公司而言，董事会资本、CEO权力与其国际化战略的关系存在差异。国有上市跨国公司CEO权力对其国际化战略有正向影响，而对其董事会资本与国际化战略之间关系的调节效应不显著。该发现与已有研究结论不同。（3）从动态角度，通过案例研究，以联想集团的跨国经营为案例，探究跨国公司董事会资本与其国际化战略关系的演化机制，发现了跨国公司董事会资本与其国际化战略的动态匹配机制。

综上所述，本书的研究结论对我国跨国公司，乃至新兴经济体跨国公司的国际化运营具有实践价值和理论价值。同时，本书的研究结论对我国对外直接投资政策的制定具有一定的指导意义。

目录

第一章 绪论 / 1
 第一节 新兴经济体企业国际化战略研究背景 / 1
 第二节 新兴经济体的跨国公司董事会资本与国际化战略相关研究 / 5
 第三节 中国跨国公司董事会资本对其国际化战略影响的研究意义 / 6
 第四节 中国跨国公司董事会资本对其国际化战略影响研究的
    思路和方法 / 8

第二章 企业董事会资本与国际化战略相关文献综述与理论模型 / 11
 第一节 国际化战略相关理论综述 / 11
 第二节 董事会治理有效性及董事会资本相关研究综述 / 16
 第三节 企业董事会与国际化战略关系相关研究 / 22
 第四节 跨国公司董事会资本与其国际化战略关系研究的理论模型 / 32

第三章 我国跨国公司董事会治理的现实情景 / 34
 第一节 我国企业对外直接投资面临的政策环境 / 34
 第二节 我国企业董事会治理改革的现实情景 / 39

第四章 跨国公司董事会资本对其国际化战略的影响 / 48
 第一节 董事会资本与国际化战略关系的理论分析与研究假设 / 48
 第二节 董事会资本与国际化战略关系的研究设计 / 58

第三节　董事会资本与国际化战略关系的实证结果分析 / 65
　　第四节　董事会资本与企业国际化战略关系的研究结论和管理建议 / 71

第五章　跨国公司董事会资本、CEO 权力与国际化战略 / 74
　　第一节　跨国公司董事会资本、CEO 权力与国际化战略相关
　　　　　　研究假设 / 74
　　第二节　跨国公司董事会资本、CEO 权力对国际化战略影响的
　　　　　　研究设计 / 78
　　第三节　董事会资本、CEO 权力与国际化战略关系的实证结果分析 / 80
　　第四节　跨国公司董事会资本、CEO 权力和国际化战略关系研究
　　　　　　结论与管理建议 / 92

第六章　跨国公司董事会资本与国际化战略关系的演化机制 / 95
　　第一节　董事会资本与国际化战略关系的理论框架 / 95
　　第二节　跨国公司董事会资本与国际化战略关系演化机制的研究方法 / 99
　　第三节　联想集团跨国经营的案例描述 / 104
　　第四节　联想集团跨国经营的案例发现 / 110
　　第五节　研究结论与贡献 / 119

第七章　河南航投跨国并购卢森堡货航股权案例分析 / 122
　　第一节　跨国并购的相关研究综述 / 122
　　第二节　河南航投和卢森堡货航概述 / 128
　　第三节　河南航投－卢森堡货航跨国并购项目案例过程分析 / 130
　　第四节　河南航投并购卢森堡货航的案例分析与总结 / 134

第八章　结论与展望 / 136
　　第一节　研究结论和研究贡献 / 136
　　第二节　实践启示与研究局限、展望 / 140

参考文献 / 143

图目录

图1-1 2003~2014年新兴经济体对外直接投资占世界对外直接投资的比例 / 2

图1-2 2003~2014年中国对外直接投资规模和增长速度 / 3

图2-1 国际化的基本机制:静态和变化 / 12

图2-2 董事会属性和职能的整合模型 / 23

图2-3 跨国公司董事会资本与其国际化战略关系研究的理论模型 / 32

图3-1 我国现有对外直接投资政策体系 / 39

图4-1 跨国公司董事会资本对其国际化战略影响的概念模型 / 58

图4-2 跨国公司董事会资本对其国际化战略影响的实证检验结果 / 71

图5-1 跨国公司董事会资本、CEO权力对其国际化战略影响的概念模型 / 78

图5-2 跨国公司董事会资本、CEO权力对企业国际化战略影响的验证结果 / 91

图6-1 企业环境、董事会资本和国际化战略关系的理论框架 / 98

图6-2 联想集团2004~2014年的利润情况 / 104

图6-3 联想集团的国际化战略发展阶段 / 105

图6-4 联想集团企业环境、董事会资本与国际化战略关系的演化模型 / 118

表目录

表 2-1　董事会的构成／19
表 2-2　董事会人力资本构成及其测量指标／20
表 2-3　董事会社会资本构成及其测量指标／21
表 2-4　高阶理论视角的相关文献／27
表 2-5　代理理论视角的相关文献／29
表 2-6　资源依赖视角的相关文献／30
表 3-1　阶段 1 颁布的重要对外直接投资政策法规／35
表 3-2　阶段 2 颁布的重要对外直接投资政策法规／36
表 3-3　阶段 3 颁布的重要对外直接投资政策法规／37
表 3-4　阶段 4 颁布的重要对外直接投资政策法规／38
表 3-5　董事会相关的法律法规／40
表 3-6　企业访谈的基本信息／42
表 4-1　样本企业的行业分布／59
表 4-2　跨国公司董事会资本对其国际化战略影响研究的变量描述／64
表 4-3　跨国公司董事会资本对其国际化战略影响研究变量的基本统计量／66
表 4-4　跨国公司董事会资本对其国际化战略影响研究变量之间的相关系数／67
表 4-5　跨国公司董事会人力资本对其国际化战略影响的回归估计结果／68

表4-6　跨国公司董事会社会资本对其国际化战略影响的回归估计结果／69

表5-1　跨国公司董事会资本、CEO权力对其国际化战略影响研究的变量描述／79

表5-2　跨国公司董事会资本、CEO权力对其国际化战略影响研究变量的基本统计量／82

表5-3　跨国公司董事会资本、CEO权力对其国际化战略研究变量之间的相关系数／83

表5-4　跨国公司董事会人力资本、CEO权力对其国际化战略影响的回归估计结果／84

表5-5　跨国公司董事会社会资本、CEO权力对其国际化战略影响的回归估计结果／86

表5-6　国有跨国公司董事会资本、CEO权力对其国际化战略影响的回归估计结果／87

表5-7　非国有跨国公司董事会资本、CEO权力对其国际化战略影响的回归估计结果／89

表6-1　董事会构成、董事提供的资源与企业国际化战略／98

表6-2　案例分析的构念、变量及测量指标／103

表6-3　联想集团2004~2014年跨国经营进程中的重要事件／105

表6-4　威廉·阿梅里奥（William J. Amelio）组建的联想集团高管团队／109

表6-5　联想集团基础阶段的董事会资本和国际化战略的特征／111

表6-6　联想集团关键阶段的董事会资本和国际化战略的特征／113

表6-7　联想集团冲突阶段的董事会资本和国际化战略的特征／115

表6-8　联想集团协同阶段的董事会资本和国际化战略的特征／116

第一章

绪 论

跨国公司（Multinational Corporations，简称 MNCs）已经成为推动全球经济发展的主要力量之一。然而，跨国公司在东道国运营，面临东道国和母国制度、文化等方面的差异，存在"外来者劣势""政治风险""局外人"等问题。以上问题对于新兴经济体的跨国公司而言尤为突出。因为新兴经济体的跨国公司，相比发达经济体的跨国公司，品牌知名度相对较低，可利用的资源相对较少。而现有的理论又无法很好地解释上述问题。在此背景下，归纳和总结一般企业成长为跨国公司的过程中，董事会对其国际化战略的影响机制，需要选择合适的理论视角探索新兴经济体的跨国公司董事会资本与其国际化战略的关系。因此，从新兴经济体的跨国公司董事会角度，探讨跨国公司董事会资本对其国际化战略的影响具有重要的理论意义和实践价值。

第一节　新兴经济体企业国际化战略研究背景

20 世纪 90 年代以来，我国经济的快速增长带动我国企业开始进入国际市场，很多国内企业建立国外子公司进行跨国经营。特别是 2001 年加入 WTO 以来，我国企业的国际化进程不断加快。而随着政府提出企业"走出去"战略和"一带一路"倡议，我国企业开始大规模地进行跨国经营。2014 年，我国对外直接投资总额达 1160 亿美元。① 而以印度、巴西、俄罗

---

① 数据来源：《2014 年度中国对外直接投资统计公报》。

斯和南非为代表的其他新兴经济体对外直接投资也出现快速增长，成为全球经济增长的重要推动力。

一 新兴经济体跨国公司的对外直接投资

在过去的10多年，来自新兴经济体的跨国公司对外直接投资激增，其中中国、印度、巴西、俄罗斯和南非等新兴经济体的跨国公司在全球范围内的投资规模增长迅速。如图1-1所示，新兴经济体对外直接投资规模从2003年的455.00亿美元增长到2014年的4681.48亿美元；新兴经济体对外直接投资占世界对外直接投资的比例从2003年的10.60%迅速增长到2014年的34.57%，已经成为全世界对外直接投资增长的主要力量。

图1-1 2003~2014年新兴经济体对外直接投资占世界对外直接投资的比例

资料来源：笔者根据 UNCTAD 相应年份的 *World Investment Report* 整理。

同时，我国作为新兴经济体，近10年来，对外直接投资规模出现了持续快速地增长。如图1-2所示，2003~2014年，对外直接投资规模由28.5亿美元增至1160.0亿美元，实现了连续11年的增长，年均增长速度达到40.06%。虽然受2008年国际金融危机的影响，2009年的对外直接投资增长率有所下降，但是从图1-2可以看出此下降趋势并没有延续，而是在2010年有所回升，2014年我国对外投直接投资同比增长14.9%，首次成为世界三大对外直接投资国之一。因此可以看出我国企业通过对外直接投资进入国际市场的步伐不断加快,规模不断扩大,在全球经济中扮演着越来越重要的角色。

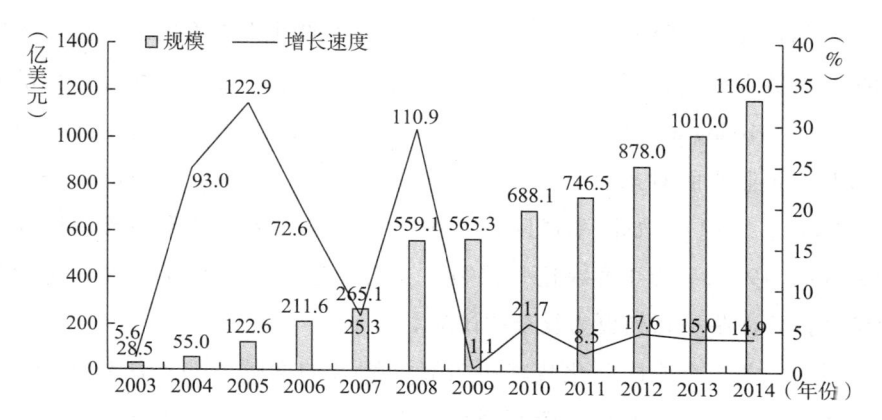

图 1-2　2003~2014 年中国对外直接投资规模和增长速度

资料来源:笔者根据各年度《中国对外直接投资统计公报》整理。

从 2013 年开始,中国企业联合会每年公布我国跨国公司 100 强跨国指数,该指数主要是针对拥有国外资产、国外营业收入、国外员工的非金融企业,依据国外资产总额的大小排序产生。目前已经公布了 2013~2015 年我国跨国公司 100 强跨国指数。2015 年,我国跨国公司 100 强入围门槛为 26.67 亿元,比 2014 年的 21.00 亿元提高了 5.67 亿元;国外员工共有 75472 人,跨国指数均值为 13.66%,共拥有国外资产 56334 亿元,实现国外营业收入 51771 亿元。① 由此可以看出,作为全世界跨国公司的重要组成部分,我国的跨国公司极大地推动了全球经济的增长。

然而,我国的跨国公司在跨国经营过程中因治理机制薄弱而遭遇了诸多问题,如 2004 年中航油新加坡公司由于母公司监督不到位引起风险事件;2009 年上汽集团位于韩国的双龙汽车株式会社工会停工;2010 年首钢集团秘鲁铁矿国外子公司发生停工事件。因此,作为新兴经济体的代表,我国的企业在进行跨国经营的过程中,有效发挥董事会的作用显得尤为重要。

---

① 数据来源:中国企业联合会网站(http://www.cec-ceda.org.cn/c500/chinese/)。

二 企业国际化战略的理论研究背景

国际化战略是跨国公司 CEO 及其高管团队的重要决策之一。尽管国际化扩张能够带来进入新市场的机会,增加销售、降低成本和获得更大的收益(Kim,Hwang and Burgers,1993;Melin,1992)。然而,当在国外市场运营时,企业要面对来自外部的环境威胁(Caves,1996;Mitchell,Shaver and Yeung,1992),如汇率风险、市场效率问题、制度障碍和政治风险等(Lessard,1985)。由于存在这些威胁,当企业进行国际化扩张时,企业的决策者需要面临一系列更为复杂的挑战。

目前,关于企业国际化战略决策影响因素的文献主要关注薪酬(Carpenter and Sanders,2004)、企业规模、股权、CEO 和高管团队特征(Herrmann and Datta,2005)以及董事会结构,包括董事会大小、董事会成员的职业特征、独立董事所占的比例等(Sanders and Carpenter,1998)。此外,学者们还分析了企业高层管理人员在企业对外投资战略决策中所起的作用(Sanders and Carpenter,1998;Carpenter and Sanders,2004;Herrmann and Datta,2005)。然而,大多数的现有研究分析发达经济体跨国公司的董事会如何影响企业的国际化战略,较少涉及新兴经济体跨国公司的董事会对其国际化战略的影响。

国际化能给企业带来增长的机会,使得企业能够获得新的知识和资源,能够长期盈利;同时,国际化也带来了生产成本增加和跨国经营的不确定性问题(George,Wiklund and Zahra,2005)。董事会参与企业国际化战略制定,因而董事会治理的有效性会直接影响企业的国际化绩效。因此,作为一种企业跨边界的治理机制,董事会治理是企业治理关注的核心问题之一(Conger,Lawler and Finegold,2001;Nicholson and Kiel,2004;Schmidt and Brauer,2006;Petrovic,2008)。现有研究认为董事会有三种职能:控制、服务/协作和资源提供(Johnson,Daily and Ellstrand,1996)。这些职能的每一个都需要从不同的理论视角分析(Bennett and Robson,2004)。代理理论强调董事会的控制职能(Langevoort,2001;Sundaramurthy and Lewis,2003);管家理论强调董事会的服务职能(Davis,Schoorman and Donaldson,

1997；Donaldson and Davis，1991）；资源依赖理论将董事会视为提供资源和保护的一种方式（Goodstein，Gautam and Boeker，1994；Hillman，Cannella and Paetzold，2000；Kakabadse，Kouzmin and Korac-Kakabadse，2001；Pearce and Zahra，1991；Pfeffer and Salancik，1978）。学者们基本上从以上三种视角探讨董事会治理的有效性问题。然而，目前有关跨国公司董事会治理有效性问题的探讨，大多以发达经济体的跨国公司为研究对象，而有关新兴经济体跨国公司董事会治理有效性的研究相对较少。

第二节　新兴经济体的跨国公司董事会资本与国际化战略相关研究

一　新兴经济体跨国公司董事会资本对其国际化战略影响研究的主要动机

基于前文，本书旨在从新兴经济体视角探索跨国公司董事会治理有效性对其国际化战略影响的内在机理，主要动机有以下两点。

（一）实践探索导向

新兴经济体的跨国公司已经逐渐成为世界经济增长的重要推动力，然而，新兴经济体跨国公司治理机制和治理结构的不完善，可能会直接影响跨国公司的国际化战略。新兴经济体的跨国公司在国际化运营过程中会受到母国和东道国双重的制度压力，如何降低其国际化运营风险是关键。而跨国公司董事会治理能成为降低其国际化经营风险的一种治理机制。跨国公司董事会治理的有效性形成是一个动态的过程，因此有必要从新兴经济体跨国公司成功的实践中，探讨企业如何从一家国内企业成长为一家具有国际竞争力的跨国公司，其董事会治理的有效性是如何形成的，内在的影响机制是什么。这些对于其他新兴经济体的跨国公司具有一定的参考价值。

（二）理论价值导向

与发达经济体的跨国公司不同，新兴经济体的跨国公司在东道国运营时，由于公司治理结构不完善，缺乏国际化经验和国际化管理理念，会面临运营风险问题、合法性问题等，如何增强新兴经济体跨国公司董事会治理的有效性，解决上述问题，是新兴经济体跨国公司治理研究的主要关注点之一。

二 新兴经济体跨国公司董事会资本对其国际化战略影响研究存在的主要问题

基于上述动机，本书的主要研究问题是：作为新兴经济体之一，我国的跨国公司在跨国经营过程中，如何发挥董事会治理的有效性，如何利用董事会成员的相关战略经验、知识和社会网络资源改善企业的国际化战略，进而提升企业的国际化绩效？跨国公司 CEO 权力如何影响董事会构成与其国际化战略的关系？企业如何提高董事会治理的有效性？旨在探讨我国跨国公司董事会资本对其国际化战略的影响机制，进一步明晰董事会治理是跨国公司治理的一种机制；通过分析我国跨国公司董事会资本的形成，解释新兴经济体跨国公司董事会治理的内在机制。

第三节 中国跨国公司董事会资本对其国际化战略影响的研究意义

一 中国跨国公司董事会资本对其国际化战略影响研究的理论意义

（一）探索适用于新兴经济体跨国公司董事会治理有效性研究的理论模型

正如前文所述，新兴经济体的跨国公司不同于发达经济体的跨国公司，它们在东道国运营时承受母国制度与东道国制度的双重制度压力，由于自身治理机制不完善和"外来者劣势"等问题，通常会面临更大的风险和不确定性。而现有关于相关问题的研究主要以发达经济体的跨国公司为对象，研究结论对于新兴经济体的跨国公司是否具有指导意义有待商榷。而且，现有的与新兴经济体跨国公司相关的研究，仅从宏观的制度层面分析对企业国际化战略的影响，也较少关注董事会治理层面。本书以我国上市跨国公司为研究对象，将研究问题聚焦到董事会治理层面，从资源依赖角度出发，整合制度理论和代理理论，构建适合新兴经济体跨国公司董事会治理有效性研究的理论模型，以弥补现有研究的不足。

（二）将现有一般企业董事会治理的研究拓展到跨国公司董事会治理的研究领域

本书通过对已有文献的回顾以及述评，从资源依赖理论出发，整合代理理论和制度理论，以我国上市跨国公司为研究对象，探讨新兴经济体跨国公司董事会资本对其国际化战略的影响，尝试分析新兴经济体跨国公司董事会资本与其国际化战略关系的演化机制。相比已有研究，一方面，本书分析了新兴经济体跨国公司董事会成员带来的资源，即董事会资本，对其国际化战略的直接影响。同时，还分析了跨国公司董事会资本与 CEO 权力的交互作用对其国际化战略的影响。另一方面，基于过程视角，通过案例分析，探索了新兴经济体跨国公司董事会资本与其国际化战略关系的演化机制。因此，丰富了现有关于董事会治理研究的文献，将一般企业董事会治理的研究拓展到跨国公司董事会治理的研究领域。

（三）构建了新兴经济体跨国公司董事会资本与其国际化战略关系的演化机制

本书基于董事会资本对其国际化战略影响的理论模型，采用单案例纵向研究方法，以联想集团的跨国经营为案例，构建了新兴经济体跨国公司董事会资本与其国际化战略之间关系演化的理论模型，揭示了新兴经济体的企业在成长为全球性的跨国公司过程中，董事会资本、CEO 权力如何伴随国际化战而演化。

二 中国跨国公司董事会资本对其国际化战略影响研究的实践意义

（一）以新兴经济体跨国公司为研究对象，对我国跨国公司完善董事会治理机制具有指导意义

本书选取我国上市跨国公司为样本，分析我国跨国公司董事会资本对其国际化战略的影响，主要探讨董事会成员的人力资本和社会资本对企业国际化战略的影响，从而使企业了解董事会成员带来的资源如何影响企业的国际化战略；然后进一步研究董事会资本、CEO 权力与国际化战略的关系，由于国有企业与非国有企业董事会构成存在差异，上述三者之间的关系有着显著的不同。因此，本书从资源依赖角度，探讨跨国公司董事会治理是否可以作为一种治理机制，实证分析董事会资本、CEO 权力与国际化战略的关系，从而帮助我国跨国公司完善企业内部的董事会治理机制。

（二）对我国跨国公司提升国际化绩效具有一定的参考价值

本书通过案例研究，探讨我国跨国公司从一般国内企业成长为跨国公司的过程中企业的董事会资本与其国际化战略关系的演化机制，提出了跨国公司董事会资本与其国际化战略关系演化的理论模型，对于我国企业实施"走出去"的国际化战略具有一定指导和借鉴意义。

（三）有助于政策制定者出台差异化的政策帮助国有企业和非国有企业走出国门

研究发现，我国国有上市跨国公司与非国有上市跨国公司的董事会构成存在差异性，这种差异性会直接影响其国际化战略。国有上市跨国公司董事会所带来的资源主要集中在董事会成员带来的链接资源，即社会资本，如连锁董事网络、政治关联等；而非国有上市跨国公司董事会带来的资源主要集中在人力资本方面，如行业经验、国际化经验等。正是这种差异性导致对其国际化战略的影响也存在明显的不同。因此，国家政策制定的相关部门应充分认识到这种差别，制定相应的政策更好地指导我国企业实施"走出去"战略。

第四节　中国跨国公司董事会资本对其国际化战略影响研究的思路和方法

一　研究思路

本书以新兴经济体跨国公司为研究对象，探讨我国跨国公司董事会资本对其国际化战略的影响，结合我国的制度环境，从制度理论、资源依赖理论和代理理论视角，探究我国企业董事会治理有效性如何构建的问题。针对新兴经济体跨国公司董事会治理有效性如何构建的问题，本书按照"提出问题—分析问题—解决问题—问题总结"的逻辑分析思路展开。

（一）提出问题

在现实背景、国内外研究文献综述的基础上，本书提出问题：作为新兴经济体之一，我国的跨国公司在跨国经营过程中，如何发挥董事会治理的有效性，如何利用董事会成员的相关战略经验、知识和社会网络资源提升企业国际化战略决策的科学性，进而提升企业的国际化绩效？我国跨国公司董事会带来的资源如何通过 CEO 影响企业国际化战略？

（二）分析问题

基于相关理论和文献综述，本书总结跨国公司董事会治理有效性研究的重点和逻辑框架。从新兴经济体的现实情景角度，以跨国公司董事会治理有效性为逻辑分析起点，以跨国公司董事会成员的人力资本和社会资本、CEO 权力对国际化战略的影响为基础，搭建分析问题的框架。

（三）解决问题

本书旨在分析跨国公司董事会人力资本和社会资本对其国际化战略的影响。考虑到我国国有上市跨国公司和非国有上市跨国公司董事会治理有效性存在差异，本书通过实证研究揭示国有上市跨国公司和非国有上市跨国公司董事会资本对其国际化战略的影响机制的差别，并通过案例探索我国企业在跨国经营过程中董事会资本与其国际化战略之间关系的演化机制。

（四）问题总结

基于对本书提出的问题的分析和解决，归纳本书主要的研究结论，并从理论和实践两个方面，论述本书的理论贡献和创新点，同时为我国企业实施"走出去"战略提供理论参考和实践启示。

二　研究方法

（一）理论研究法

对相关理论和文献的研究是本书研究工作开展的基础和前提。本书使用相关关键词对中英文相关数据库进行检索，主要关注以下英文期刊：AMJ、AMR、ASQ、SMJ、JIBS、JOM、JMS、OS、JWB 和 IBR[①]。对于中文

---

① 具体的英文期刊名称为：Academy of Management Journal（AMJ）、Academy of Management Review（AMR）、Administrative Science Quarterly（ASQ）、Strategic Management Journal（SMJ）、Journal of International Business Studies（JIBS）、Journal of Management（JOM）、Journal of Management Studies（JMS）、Organization Science（OS）、Journal of World Business（JWB）和 International Business Review（IBR）。

文献，主要通过中国知网（CNKI）数据库查找，重点关注的中文期刊有《管理世界》《经济研究》《中国工业经济》《南开管理评论》等。通过文献研究了解目前跨国公司董事会治理的研究现状，尤其是了解国内外学者如何从不同的理论视角研究跨国公司董事会对其国际化战的影响，并对相关研究进行综述，以构建本书的理论分析框架。

（二）案例研究法

案例研究是一种实证研究方法，属于实证研究中的定性研究方法，用于处理有待研究的变量比数据点还要多的特殊情况。案例研究用于需要回答"怎么样""为什么"的研究问题（殷，2004）。案例研究通常遵循的是归纳逻辑，适合对现实中复杂的具体问题进行深入分析，以发现其中的潜在理论贡献（毛基业和李晓燕，2010）。案例研究方法已被国内外众多学者在拓展现有理论、发现新理论等方面的研究中使用（Eisenhardt and Graebner，2007；毛基业和王伟，2012）。本书主要应用案例分析的方法，探究我国企业在国际化过程中，董事会资本与其国际化战略之间的关系是如何演化的，以及董事会资本如何构建，即"如何"的问题，涉及较多的变量。

（三）多元统计分析

本书通过上交所和深交所公布的我国上市跨国公司年报，搜集企业董事会成员的信息和我国企业对外投资子公司的相关财务数据，并通过Hofstede网站、WGI数据库、UNCTADstat网站等搜集宏观数据。同时，借鉴国内外相关研究确立研究变量的具体指标。

在理论分析的基础上，提出研究假设，构建多元回归模型，应用收集的相关数据，使用Stata软件进行多元统计分析以验证研究假设，检验理论模型，验证跨国公司董事会人力资本、社会资本、CEO权力与其国际化战略之间的关系。

第二章

企业董事会资本与国际化战略相关文献综述与理论模型

根据第一章提出的研究问题,本书在此回顾相关理论与文献。首先,对本书研究相关的理论,如国际化理论、代理理论、资源依赖理论和制度理论等进行回顾。其次,对董事会治理有效性及董事会资本的相关研究进行阐述。再次,回顾了国内外学者关于企业董事会与国际化战略关系的研究,在综述国内外学者关于董事会与企业战略关系研究的基础上,从高阶理论视角、代理理论视角、资源依赖理论视角和制度理论视角综述了企业董事会与国际化战略的关系。最后,基于相关文献综述,提出跨国公司董事会资本与其国际化战略关系研究的理论模型。

第一节 国际化战略相关理论综述

本书主要研究跨国公司董事会资本与其国际化战略之间的关系,所使用的理论主要有国际化理论、代理理论、资源依赖理论和制度理论。

一 国际化理论

(一)国际化过程理论

较早对国际化的研究中主要有国际化过程理论(也称 Uppsala 理论)。国际化过程理论提出:企业国际化的过程是依赖于经验、知识的一个渐进过程（Johanson and Vahlne，1977）。该理论对知识的假设为：对企业国际化过程具有关键作用的知识源自市场活动，是市场专有的知识，以经验为基础嵌入个体中（Petersen，Pedersen and Sharma，2003）。基于以上假设，国际化过程模型通过商务活动、市场知识、市场承诺和承诺决策等解释跨国公司的国际化过程的渐进性（如图2-1所示）。企业国际化过程的渐进性体现在进入模式和目标市场筛选两个方面。第一，企业进入东道国市场可以从出口开始，设立出口业务代表，再到在东道国成立销售分支机构，直至最后到东道国建立工厂。第二，企业在进行东道国市场筛选时，根据心理距离的远近进行新市场的拓展。心理距离是指诸如语言、文化、政治体系等干扰企业与市场之间信息流动的因素（Johanson and Vahlne，1990）。

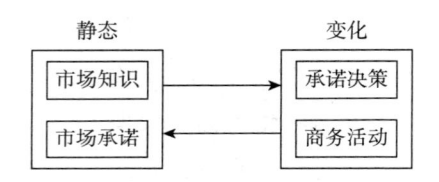

图 2-1 国际化的基本机制：静态和变化

后来，随着社会网络理论的发展，国际化过程理论的提出者将社会网络视角纳入国际化过程理论中以更好地解释企业国际化运营的现实情景（Johanson and Vahlne，2009）。Johanson 和 Vahlne（2009）修正了国际化过程模型，提出跨国公司的国际化过程是一个网络关系的发展过程。在修正后的模型中，知识（机会）、关系承诺决策、学习（信任构建）以及网络位置取代传统模型中的市场知识、市场承诺、商务活动和承诺决策，成为主要变量。在修正后的模型中，认为成功的国际化要求企业建立起一个或更多的网络关系。企业的知识、信任和承诺都是关系特定的，企业通过社会网络关系学习知识、建立信任、发展承诺并识别环境中的商业机会。

Johanson 和 Vahlne（2009）在修正后的模型中仍然坚持将经验学习作为国际化过程中获取基础性知识的主要机制，但他们同时也承认其他的知识开发途径有可能成为经验学习的补充。修正后的模型认为，国际商务活动中企业社会网络的知识开发不仅仅是从其他网络行动者处学习已有知识，还包括网络行动者之间的相互作用所产生的新知识。

（二）国际化"跳板理论"

然而，国际化过程模型后来遭到很多学者的批评和修正。针对国际化过程理论不足以解释新兴经济体跨国公司的国际化运营的现实问题，Luo 和 Tung（2007）提出了描述新兴经济体跨国公司国际化的"跳板理论"。新兴经济体的跨国公司将国际化扩张作为一个跳板来获取战略资源和减少来自母国的制度和市场约束。它们这样做可以克服在国际化阶段的后来者劣势，通过一系列的并购或者购买来自成熟市场跨国公司的关键资产规避风险从而弥补竞争劣势。

Luo 和 Tung（2007）用以下两种"蛙跳"轨迹来描述新兴经济体跨国公司在进行国际化扩张时的跳板行为。第一，新兴经济体的跨国公司倾向于快速国际化而不是国际化过程理论所提出的渐进过程的国际化。作为后来者的新兴经济体跨国公司进入全球市场需要加速国际化的节奏才能追赶上全球市场上已有的跨国公司。规模较大的新兴经济体跨国公司会通过高风险、高控制的进入模式如并购和绿地投资来实现快速的国际化扩张。

第二，新兴经济体的跨国公司倾向于激进的东道国投资位置选择。国际化过程理论提出企业进入新的市场很大程度上取决于心理距离。因此，跨国公司开始国际化扩张时会选择被认为与母国心理距离较近的国家或地区。然而，很多新兴经济体跨国公司在进行国际化扩时，似乎并没有根据心理距离选择，而是冒险进入发达经济体的市场，如欧洲和北美市场。这些地区通常被认为与新兴经济体有较远心理距离。

以上理论可以解释企业为什么进行国际化以及如何进行国际化的问题，尤其是 Luo 和 Tung（2007）提出的国际化"跳板理论"能够解释新兴经济体跨国公司进行国际化的目的和动机。全球经济一体化增加了国际化战略对企业的重要性，尤其是那些在国内市场竞争中发展受限制的企业。因此，国内外学者开始关注企业的国际化战略，这成了大部分只在国内经营的企业都会面临的问题。

二 代理理论

代理理论认为由于信息不对称，企业的委托人和代理人之间存在利益冲突（Jensen and Meckling，1976）。基于代理理论，企业治理相关研究强调董事会的监督职能，认为代理人（经理）倾向于风险规避和自利，代理人需要董事会监督，确保他们的决策符合委托人的最佳利益（Fama and Jensen，1983）。根据代理理论，董事会的职能依赖于董事会的独立性和对代理人制定战略决策实施监督的有效性（Baysinger and Butler，1985；Booth and Deli，1996；Mallette and Fowler，1992）。

董事会中的独立董事比内部董事更有动机和能力监督管理层，他们的存在有助于减少委托人和代理人的利益冲突（Kroll，Walters and Wright，2008；Tian，Haleblian and Rajagopalan，2011）。独立董事能够更好地保护股东的利益以维护自己在业界的声誉（Lai，Chen and Chang，2012）。董事会中独立董事的比例会影响董事会的监督权力，因为他们独立于企业董事会之外，跟内部董事和CEO的关系相对独立，能够有效监督企业CEO及其高管团队的决策（Daily and Dalton，1994）。

已经有学者将代理理论应用到企业国际化战略决策中。他们主要关注了董事会中董事长与CEO的两职合一、外部董事比例、内部董事持股等因素与企业国际化战略的关系（Sanders and Carpenter，1998；Tihanyi，Johnson and Hoskisson et al.，2003；Musteen，Datta and Herrmann，2009；Chen，2011；Lai，Chen and Chang，2012）。这些研究的理论基础都是代理理论，研究对象基本都是发达经济体的跨国公司，得出了一些有益的研究结论，为本书研究新兴经济体跨国公司的国际化战略提供了理论基础。

三　资源依赖理论

资源依赖理论最早由Preffer和Salancik在1978年提出，有四个基本假设：组织最关心的是生存；组织为了生存需要资源，自己不能生产这些资源；组织需要与外部环境互动；组织的生存建立在对它与其他组织关系的控制的基础上。其核心假设就是组织的生存依赖与环境的资源交换，需要通过外部环境获取资源以维持生存。

学者们将资源依赖理论用于解释企业董事会的职能（Boyd，1990；Hillman，Cannella and Paetzold，2000；Preffer and Salancik，1978）。按照资源依

赖理论的观点，董事会的另一个重要职能（主要与代理理论提出的监督与控制职能做区分）是指直接为企业带来资源。Preffer 和 Salancik（1978）提出董事会应该能够为企业带来以下四种益处：提供咨询和建议，为企业提供合法性，为企业和外部组织提供沟通渠道以及使企业获得外部组织的帮助。

Hillman、Cannella 和 Paetzold（2000）根据资源依赖理论将外部董事划分为经营专家（Business Experts）、支持专家（Support Specialists）和团体影响力专家（Community Influentials），探讨董事会构成的变化如何引起企业所需要资源的变化。他们对董事会构成的划分构成了本书董事会资本划分的主要依据，奠定了本书研究的基础。

四　制度理论

现有研究文献通常将制度理论的学者划分为两个学派：新制度理论学派和古典制度理论学派。古典制度理论学派强调组织制度化的现象是一种创造价值的实践，将组织制度化视为企业创造的价值。而新制度理论学派强调组织制度化是一种象征性行为，并且认为组织采取必要的实践和程序是为了合法性而不是为了效率（Powell and DiMaggio，1991）。

古典制度理论学派的奠基人为 Weber 和 Selznick 两位学者。Weber（1946）持有理性的观点，认为组织是一个独特的实体，是为了完成某种任务而建立的一个封闭的技术体系，这个体系按效率原则运行。根据该理论逻辑，组织的内部结构应随着它追求的目标、使命、战略和环境不同而变化，出现多样性。Selznick（1948）同意 Weber 的看法，但是他的研究发现组织并不像传统制度理论观点所描述的那样是一个不开放的体系，实际上受到所处环境的影响。他将制度化定义为："超越了组织的具体使命或者任务必要的主观判断、渗透到组织内部的过程。"因此，从这个意义说，组织是一个制度化的组织，是处于社会环境、受历史影响的一个有机体。组织的发展演变是一个自然过程，是在与周围环境的交互过程中不断变化、不断顺应周围环境的自然产物。

新制度理论学派（Meyer and Rowan，1977；DiMaggio and Powell，1983）主要强调制度的"象征价值"，认为企业采取某些行为和实践是为了在企业所处的环境中获得合法性,而不是为了获得效率。组织需要更多的物质资源和技术信息才能在它们所处的社会环境中生存和发展,它们也需要社会接受和信任(Scott, 2000, p. 237)。Meyer 和 Rowan(1977)研究发现,企业正式采取的制度规则、组织结构、实践和程序等可能会和企业效率冲突,但是企业仍然采取这些制度化的规则。

组织由于需要在其所处的制度环境中遵守制度规则和获得合法性,因此在同一个产业里经常表现得类似。DiMaggio 和 Powell(1983)研究了什么因素导致组织同形。他们提出了使组织同形的三种机制:(1)强制同形(Coercive Isomorphism),指迫使组织必须无条件接受的制度环境的作用,如国家法律、法令对组织的作用;(2)规范同形(Mimetic Isomorphism),指通过长期的训练,使组织中的成员拥有共同的思维和共同的观念;(3)模仿同形(Normative Isomorphism),指组织向系统中的成功组织学习,学习成功组织的内部结构、外部形态和战略目标。而 Scott(1995,2000)基于新制度理论,提出了制度环境的三个方面:管制系统、规范系统和文化认知系统。

国内外学者应用新制度理论研究了新兴经济体跨国公司的国际化战略。例如,Wang、Hong 和 Kafouros 等(2012)应用新制度理论提出的强制同形、规范同形和模仿同形探讨国有企业的对外投资行为;Buckley、Clegg 和 Cross 等(2007)则从股权优势、制度因素角度探讨我国对外投资的决定性因素;Meyer、Estrin 和 Bhaumik 等(2009)主要从制度理论和资源基础理论角度探讨新兴经济体跨国公司的进入战略。这些学者都从宏观的制度视角探讨了新兴经济体的跨国公司在进行国际化运营时制度环境对其国际化战略的影响,为本书研究提供了理论基础。

第二节 董事会治理有效性及董事会资本相关研究综述

有关企业董事会资本的研究,是从探讨董事会治理有效性问题而来的。

一 董事会治理有效性相关研究

董事会治理有效性一直是企业治理研究的核心问题之一（Petrovic，2008；Barroso，Villegas and Pérez-Calero，2011）。Forbes 和 Milliken（1999）提出董事会治理有效性的标准有两个：第一，董事会的任务绩效，即董事会有效地履行控制和服务职能的能力；第二，董事会成员能够持续一起工作的能力，即董事会的凝聚力。现有企业治理文献将董事会治理有效性界定为董事会能够引导企业发展的方向，起到有效的控制作用并且"确保企业繁荣""能给组织带来附加价值""使企业的发展更接近预定目标"，或者"能给股东或利益相关者带来满意的绩效"（Denis and McConnell，2003；Sherwin，2003；Nicholson and Kiel，2004；Pye and Pettigrew，2005）。上述文献对董事会治理有效性的界定主要集中在董事会能够履行监督和服务职能的能力方面。

企业治理文献对董事会治理有效性的讨论都需要考虑董事会的职能（Huse，2005；Aguilera，2005）。Johnson、Daily 和 Ellstrand（1996）对过去的董事会治理相关研究文献进行综述，提出董事会主要有三个职能：控制（Control）、服务（Service）和资源依赖（Resource Dependence）。在控制职能中，董事作为股东的受托人监督经理人，董事会的职责主要包括聘任、解聘 CEO 和其他高管层，决定高管层的薪酬，监督经理人以确保他们不侵害股东的利益；服务职能涉及董事会向 CEO 和高管团队提供战略和管理方面的建议；资源依赖职能是指将董事会作为方便企业获取关键资源的一种方式，董事会履行这个功能通常是代表某个具体机构，而且能给企业带来合法性。

Petrovic（2008）综述了董事会角色研究文献，指出影响董事会治理有效性的重要因素是董事会的结构，董事会治理是否有效依赖于董事会的构成是否合理。Jensen 和 Meckling（1976）首次从理论上讨论了董事会构成中非独立董事（内部董事）和独立董事（外部董事）的职能，随后有大量的研究将董事会的独立与企业绩效连接起来。而 Dalton、Daily 和 Ellstrand 等（1998）对过去的研究文献进行综述，发现董事会的独立性与企业绩效并不相关。因此，学者开始从其他理论角度研究相关问题，如从资源依赖角度重新研究董事会的构成（Hillman, Cannella and Paetzold, 2000）。而另外一个学派主要强调董事会动态性对董事会治理有效性的重要程度。Sherwin（2003）指出，解释这些有争议性的观点主要依据董事会需要面临的两类问题：第一，机制问题（Mechanical Issues），如董事会结构和组成；第二，无法控制的组织问题（Organic Issues），需要围绕董事会互动、沟通和相互信任。

现有围绕董事会三种职能的研究，主要有三个理论视角：代理理论强调董事会的控制职能（Langevoort, 2001；Sundaramurthy and Lewis, 2003）；管家理论强调董事会的服务职能（Davis, Schoorman and Donaldson, 1997；Donaldson and Davis, 1991）；资源依赖理论将董事会视为提供资源和合法性的一种方式（Goodstein, Gautam and Boeker, 1994；Pearce and Zahra, 1991；Pfeffer and Salancik, 1978）。代理理论解释了董事会为企业的管理提供了外部监督机制，而并没有考虑董事会成员为董事会带来的其他属性的影响。资源依赖理论揭示了企业通过董事会成员的附属特征能够连接到外部环境的关键资源，强调这些资源的经济本质。董事会提供的资源包括合法性、管理建议和管理咨询，作为连接重要利益相关者或者重要主体的枢纽则便于企业获得资源、构建外部关系等（Barroso, Villegas and Pérez-Calero, 2011）。尽管有大量的研究围绕董事会三个功能展开，但是大部分文献从代理理论角度探讨董事会的控制功能，而且将董事会的三个功能放在一起讨论，并没有做严格的区分。

Hillman、Cannella 和 Paetzold（2000）指出将董事会成员分为内部董事和外部董事的分类方法，不足以解释董事会的职能。因此，他们综合了代理理论和资源依赖理论，将董事会中行使资源依赖职能的成员划分为内部人员（Insieders）、经营专家、支持专家和团体影响力专家（如表 2-1 所示）。他们的研究还提出随着环境的改变，董事会构成将发生改变；面临资源需要的转变，企业倾向于从战略上改变董事会的构成，以响应新的环境需求和动力。具体的，董事会成员的强制替换更可能来自内部人员和支持专家，而董事会成员的非强制替换可能来自经营专家和团体影响力专家。

表 2-1 董事会的构成

董事分类	提供需要的资源领域	董事的其他类型
内部人员	关于本企业的专业知识以及一般战略管理和发展方向；在特定领域的具体知识，如金融和法律知识	企业现任和前任高管
经营专家	关于内部和外部问题的选择性观点和建议；企业合法性的沟通渠道	其他大企业的现任和前任高管；其他大企业的董事
支持专家	法律、银行、保险和公共关系方面的专业知识；与规模较大和有议价能力的供应商或政府机构的沟通渠道；帮助获取企业发展所需的必要资源，如金融资本、法律支持、合法性	律师、银行家（商业和投资方面）、保险公司代表；公共关系专家
团体影响力专家	非商业视角的提议、问题和想法，在权威团体中有影响力和专业知识；外部竞争产品或者供应市场利益的代表提供合法性	政治领导人；大学教授；宗教人员；社会或团体组织的领导人

资料来源：Hillman、Cannella 和 Paetzold（2000）。

Hillman、Cannella 和 Paetzold（2000）对董事会中行使资源依赖职能成员的分类奠定了董事会资本研究的理论基础，后续董事会资本概念的提出是基于董事会构成、人力资本和社会资本的相关研究的。

二 董事会资本相关研究

Becker（1964）最早提出人力资本的概念，认为人力资本是指个人通过他们以前的经验、培训和教育所形成的学习技能和知识。Ployhart 和 Moliterno（2011）的研究拓展了人力资本的概念，不仅包含知识和技能，还包括个体心理学属性的认知能力和其他能力，如个性、价值观和兴趣。个体的社会资本是指嵌入在个体所拥有的关系网络中实际的和潜在的资源（Nahapiet and Ghoshal，1998：243）。

最早提出董事会资本概念的学者是 Hillman 和 Dalziel（2003），他们将董事会资本分为董事会的人力资本和董事会的社会资本。同时他们指出，董事会的人力资本是指董事会成员能够给企业战略决策过程带来的知识、经验和技能（Hillman and Dalziel，2003；Johnson，Schnatterly and Hill，2013）。董事会的社会资本主要指董事会成员通过其社会网络关系可提供的实际和潜在资源（Tian、Haleblian and Rajagopalan，2011）。

尽管将董事会资本划分为董事会人力资本和社会资本，很容易理解，但仍然有学者注意到人力资本和社会资本相互依赖的本质，无法在内涵上明确区分它们（Coleman，1988；Nahapiet and Ghoshal，1998）。基于以上观点，Haynes 和 Hillman（2010）认为不能割裂董事会的人力资本和社会资本，并构建了由董事会资本广度和深度构成的董事会资本概念模型。

在回顾董事会资本概念的基础之上，本书主要综述了在董事会资本概念被提出以后的研究文献，即从2003年到2016年国内外学者在顶级期刊上发表的文献，从而对董事会资本的构成和测量指标进行了分析。为了尽可能地搜集到主要研究文献，对于英文文献，使用 board capital、human capital of the board、social capital of the board 等关键词在数据库中进行检索。根据 Hillman 和 Dalziel（2003）的研究，将董事会人力资本按照行业经验、国际化经验、专业技能、教育背景/任期等变量进行文献整理，结果如表2-2所示。

表2-2 董事会人力资本构成及其测量指标

变量	具体测量指标	参考文献
行业经验	*董事会成员在行业内担任经理或董事5年以上人数； *以前在行业内担任管理职位的外部董事平均数； *二分变量，董事是否在行业内担任两个及以上职位； *二分变量，独立董事是否有在同行业的工作经验； *在企业所在的主要行业具有经验的董事会成员比例	Kroll、Walters 和 Wright（2008）； Kor 和 Misangyi（2008）； Barroso、Villegas 和 Pérez-Calero（2011）； Tian、Haleblian 和 Rajagopalan（2011）； Haynes 和 Hillman（2010）
国际化经验	*二分变量，董事是否具有国际化教育和国际化工作经验； *具有跨国公司分支机构工作经历、被外派过或者受过国外高等教育的董事比例； *具有国际化教育经验的董事比例； *二分变量，董事会成员是否具有外派经历、在国外接受高等教育的经历或者在企业的国外分支机构工作的经历； *国内董事具有国外学习、工作或担任国外企业董事的比例	Tihanyi、Ellstrand 和 Daily 等（2000）； Herrmann 和 Datta（2005）； Chen（2011）； Barroso、Villegas 和 Pérez-Calero（2011）； Oxelheim、Gregorič 和 Randøy 等（2013）

续表

变量	具体测量指标	参考文献
专业技能	*二分变量，董事是否有创业融资方面的经验（如风险投资、投行方面的经验）；董事是否具有技术经验； *专家角色，使用布劳尔性指标计算异质性，将专家角色分为经营专家、支持专家和团体影响力专家； *CEO经验，独立董事中担任过CEO职位的比例； *董事会成员的学术成就，二分变量，董事会成员是否具备硕士及硕士以上学位； *其他外部企业的COO或者董事长作为本企业董事会成员的人数	Dalziel、Gentry 和 Bowerman（2011）； Haynes 和 Hillman（2010）； Hillman、Cannella 和 Paetzo'd（2000）； Tian、Haleblian 和 Rajagopalan（2011）； Barroso、Villegas 和 Pérez-Calero（2011）； Krause、Semadeni 和 Cannella（2013）
教育背景/任期	*董事会成员的教育背景，将教育背景分成十类，每一类获得一个学位取值为1，否则为0； *董事会的任期，董事会成员在企业董事会任期的平均年限； *董事会成员是否为常春藤联盟（IVY League）学校毕业生以及是否受过高等教育； *外部董事的平均任期	Tihanyi、Ellstrand 和 Daily 等（2000）； Barroso、Villegas 和 Pérez-Calero（2011）； Dalziel、Gentry 和 Bowerman（2011）； Kor 和 Sundaramurthy（2008）

本书将董事会社会资本按照组织联结、个人关系和地位/威望三个方面进行文献整理，结果如表2-3所示。

表2-3 董事会社会资本构成及其测量指标

变量	具体测量指标	参考文献
组织联结	*连锁董事，董事会成员担任外部组织董事的人数； *外部社会资本，链接的外部董事会平均数量； *政治关联，将董事会成员的政治关联视为董事会的社会资本	Dalziel、Gentry 和 Bowerman（2011）； 张红娟、周常宝和孙为政等（2015）； Fan、Wong 和 Zhang（2007）； Lester、Hillman 和 Zardkoohi 等（2008）
个人关系	*内部社会资本，独立董事在董事会任期的重叠； *董事会中外部成员的董事会链接数量； *连锁董事，董事会链接中心性、链接结构； *董事会中成员与其他企业董事会有个人关系人数； *董事会成员的附属地位（Affiliated Status）	Tian、Haleblian 和 Rajagopalan（2011）； Kor 和 Sundaramurthy（2008）； Connelly、Johnson 和 Tihanyi 等（2011）； Stevenson 和 Radin（2009）； Hillman、Shropshire 和 Certo 等（2011）

续表

变量	具体测量指标	参考文献
地位/威望	*二分变量，董事会成员是否精英社会俱乐部成员； *用四个董事会地位指标衡量董事会成员地位； *使用大学校长或院长、企业CEO、曾担任较高政府职位、非营利组织的领导来判定较高的社会地位	Bond、Glouharova 和 Harrigan（2010）； Westphal 和 Khanna（2003）； Johnson、Schnatterly 和 Bolton 等（2011）

综上所述，本书将董事会资本分为董事会人力资本和董事会社会资本。董事会人力资本是指能够影响企业战略决策的董事会成员的知识、经验和技能，主要使用董事会成员的行业经验、国际化经验和专业技能三个变量测量；董事会的社会资本是指能够影响企业战略决策的嵌入在董事会成员所拥有的关系网络中实际的和潜在的资源，主要使用董事会成员是否担任连锁董事和是否具有政治关联两个变量测量。

第三节 企业董事会与国际化战略关系相关研究

企业董事会与其国际化战略的关系研究始于企业董事会与其战略的关系研究。

一 企业董事会与其战略的关系

企业董事会与其战略关系的相关研究主要可以分为两个阶段：第一个阶段为企业董事会与其战略关系的早期研究阶段，该阶段主要探讨董事会介入企业战略的驱动因素，以及董事会与高管团队之间的关系对企业战略的影响；第二个阶段探讨企业董事会与其战略之间多元化的关系。

（一）企业董事会与其战略关系的早期研究

关于企业董事会与其战略关系的讨论最早可以追溯到20世纪70年代，主要来自美国商业协会所面临的实践需求，当时企业失败的案例和治理丑闻推动了关于董事会治理的研究（Pugliese，Bezemer and Zattoni et al.，2009）。同时，企业战略管理作为一个研究领域被建立起来（Volberda and

Elfring, 2001)。而学者们开始研究董事会是否应该介入企业战略决策。

对企业董事会和战略关系问题有突破性进展的是 Zahra 和 Pearce (1989)、Baysinger 和 Hoskisson (1990) 发表的两篇文献。Zahra 和 Pearce (1989) 整合了法律视角（Legalistic Perspective）、资源依赖（Resource Dependence）、阶层领导（Class Hegemony）和代理理论四个理论视角构建了一个董事会与企业战略之间关系的整合模型（如图 2-2 所示）。该模型考虑了影响董事会属性的内外情景，提出了董事会构成、特征、结构和过程对董事会包括战略、服务和控制三个职能的影响，以及最终对企业绩效的影响。

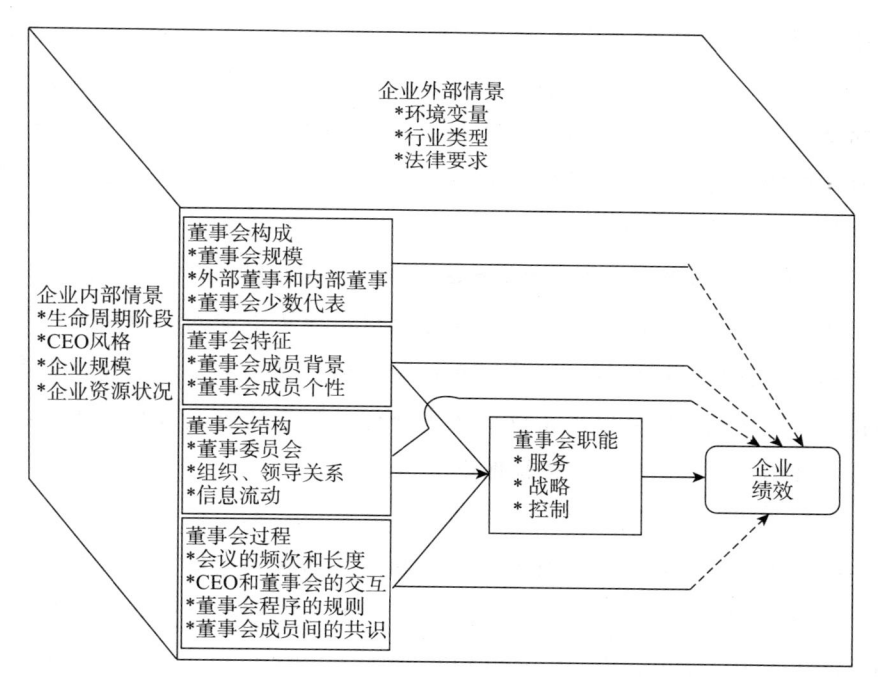

图 2-2　董事会属性和职能的整合模型

资料来源：Zahra 和 Pearce (1989)。

而 Baysinger 和 Hoskisson (1990) 认为董事会是企业内部控制的重要机制。首先，分析了股权、管理控制和董事会构成之间的关系；其次，论述了董事构成与战略控制之间的关系；最后，探讨了控制的选择、企业战略和战略选择的关系。该研究讨论了董事会动态性和战略实施的重要性，并进一步强调董事会战略应用需要实证分析。

随后，有大量的实证研究论证了上述两组学者提出的理论观点，学者们将董事会特征和结构（例如董事会规模、董事会成员多样性、董事会结构和连锁董事等）与企业战略关联起来，主要关注董事会规模和多样性对企业战略的影响（Goodstein, Gautam and Boeker, 1994），董事长和非执行董事对企业战略的选择、变化和控制过程的影响（McNulty and Pettigrew, 1999），董事会中连锁董事对企业并购战略的影响，以及董事会结构与国际化战略的关系（Haunschild and Beckman, 1998）等。

综上所述，早期的理论和实证研究主要有两个流派：一个流派主要关注董事会介入战略的驱动因素（Judge and Zeithaml, 1992; Fried, Bruton and Hisrich, 1998），另一个流派主要探讨董事会和高管团队的关系对企业战略制定的影响（Judge and Dobbins, 1995; Gulati and Westphal, 1999）。并且早期的研究所使用的理论主要以代理理论为基础，研究对象以美国的企业为主，数据来源多为二手档案数据。

（二）企业董事会与其战略关系的多元化探讨阶段

企业董事会与其战略关系的多元化探讨主要集中在两个流派：一个从行为和认知视角探讨董事会特征与企业战略的关系，主要理论基础为高阶理论；另一个从资源依赖视角分析董事会成员带来的资源对企业战略的影响，主要的理论基础为资源依赖理论。

1. 行为和认知视角的董事会与企业战略的关系

最早将认知和行为视角引入董事会和高管团队与企业战略关系研究的是Hambrick和Mason（1984）。他们从行为和认知的视角提出了高阶理论（Upper Echelons Theory），认为可以观察到的管理者特征，如职业背景、教育背景、年龄、任期等，能够影响企业战略选择。因此，后来的学者将高阶理论应用到董事会特征与战略的关系研究中（Forbes and Milliken, 1999; Rindova, 1999; Hambrick and Mason, 1984）。

关于董事会对企业战略的贡献程度，大部分早期的研究从如何处理代理人和委托人由于偏好的差异而产生的冲突的观点出发。例如，Rindova（1999）从认知视角提出董事会能够处理与企业战略决策相关的复杂性和不确定性问题，认为董事会拥有解决有价值问题的专门知识，并能够应对各种环境。他还提出，董事会对企业战略决策执行的贡献是伴随着经理一系列的认知任务，即扫描（Scanning）、解释（Interpretation）和选择（Choice）的过程。基于高阶理论和代理理论，Golden 和 Zajac（2001）研究发现董事会特征和董事会权力交互影响企业战略的变化；Jesen 和 Zajac（2004）研究发现董事会和高管团队成员个体特征的差异可能会对企业战略，如多元化和并购战略的偏好有影响，如在不同的代理情景中 CEO、外部董事以及非 CEO 高管团队成员可能做不同的战略选择。另外，有学者研究发现 CEO 傲慢或者过度自信会对企业并购产生影响（Hayward and Hambrick，1997）。

2. 资源依赖视角的董事会与企业战略的关系

早期使用资源依赖理论探讨董事会与企业战略关系的研究主要集中在董事会规模和构成上，把这两者作为董事会能够为企业提供关键资源的指标。例如，Pfeffer（1972a）发现董事会规模与企业的环境需求有关，并且二者的相关程度随外部董事的比例增加而增大；Sanders 和 Carpenter（1998）的研究支持该观点，他们的研究发现董事会的规模与企业国际化程度相关；Dalton、Daily 和 Johnson 等（1999）通过文献分析发现董事会规模和企业金融绩效呈正相关关系。

Pfeffer 和 Salancik（1978）提出董事会给企业带来四种益处：建议和咨询的信息；获取资源的优先权；企业和外部环境之间的信息渠道；合法性。具体而言，认为在被管制行业的企业可能需要更多的外部董事，尤其是有相关行业经验的外部董事。Luoma 和 Goodstein（1999）的研究肯定了这个观点，他们研究发现在高管制行业的企业董事会中有一定比例的利益相关者。后续的研究也支持董事会能够为企业带来益处。Kor 和 Misangyi（2008）研究发现，董事会中具有行业经验的董事比例与高管中具有行业经验的高管比例负相关，说明董事弥补了高管团队在战略决策的建议和资源提供方面的不足。

Hillman、Cannella 和 Paetzold（2000）基于资源依赖理论，提出董事会成员可以分为经营专家、支持专家和团体影响力专家，明确指出他们给企业董事会带来的不同资源。Kroll、Walters 和 Le（2007）使用该研究的分类，发现年轻的 IPO 企业从具体类型的董事中获益；Jones、Makri 和 Gomez-Mejia（2008）的研究发现从事多元战略的家族企业也从具体类型的董事中获益。Haynes 和 Hillman（2010）使用该分类度量董事会资本，发现董事会资本和 CEO 权力交互影响企业战略变革。

二 企业董事会与其国际化战略的关系

学者们已将企业董事会对其战略影响的相关研究拓展到企业董事会对其国际化战略影响的研究。本书在此按照学者研究该问题所应用的主要理论展开分析。

（一）高阶理论视角

最早将高阶理论应用到分析企业董事会的特征对企业国际化战略影响的是 Sambharya（1996）。他从高阶理论视角研究了董事会和高管团队成员的国际化经验对企业国际化战略的影响，将高阶理论拓展到国际化战略的研究中。

随后，Carpenter 和 Fredrickson（2000）进一步从高阶理论角度，实证分析了董事会和高管团队具有的经验多样化、教育背景的异质性和任期的异质性对企业国际化战略的影响，并以环境不确定性作为调节变量。

而 Herrmann 和 Datta（2002，2006）应用高阶理论，将研究视角转向 CEO 的个人特征对企业海外市场进入战略行为的影响，将 CEO 的任期、教育水平、职业经验和国际化经验等特征与企业海外市场进入战略关联起来。

前期基于高阶理论的相关研究主要集中在董事会或高管团队特征或 CEO 的个人特征对企业国际化战略的影响上。随着研究的进一步深入，有学者提出了将 CEO 的个人特征和高管团队的特征嵌套在一起，跨层分析对企业国际化战略的影响。例如，Jaw 和 Lin（2009）应用高阶理论跨层分析 CEO 任期、高管团队规模和高管团队任期的异质性对企业国际化战略的影响。另外一些学者考虑将高阶理论与其他理论结合起来研究 CEO 个人特征对企业国际化决策行为的影响。例如，Laufs、Bembom 和 Schwens（2016）

分析了 CEO 年龄、任期和国际化经验对国外市场进入方式的影响，并考虑了企业地理位置和政治风险的调节作用。

高阶理论视角的相关文献的具体信息见表 2-4。

表 2-4　高阶理论视角的相关文献

文献	样本	主要变量	研究结论/意义
Sambharya（1996）	54 家美国制造业跨国公司	自变量为董事会和高管团队成员的国际化经验；因变量为国际多元化战略	将董事会和高管团队的特征与企业国际化战略建立了联系，拓展了高阶理论的应用领域
Carpenter 和 Fredrickson（2000）	随机选择 300 家美国标准普尔企业为样本	自变量为董事会和高管团队的国际化工作经验、教育背景；调节变量为环境不确定性；因变量为国际化战略	当董事会和高管团队经验多样化时，教育背景异质性和任期异质性对企业国际化战略有正向影响，环境的高不确定性正向调节高管团队成员的特征和企业全球战略扩张的关系
Herrmann 和 Datta（2002）	126 个制造业企业 CEO 继任事件	自变量为 CEO 任期、教育水平、职业背景、国际化经验；因变量为海外市场进入战略	CEO 职位任期越长，CEO 具有越高程度的自信和经验，CEO 职位有越高程度的合法性，这些因素导致 CEO 选择完全控股进入模式
Herrmann 和 Datta（2006）	78 家制造业企业	自变量为 CEO 年龄、企业经验、职业经验和国际化经验；因变量为海外市场进入战略	将研究情景拓展到国际情景，强调 CEO 经验与国际化战略的匹配，以及如何选择一个合适的 CEO 实施企业的国际化战略
Jaw 和 Lin（2009）	306 家台湾高科技上市企业	自变量为 CEO 任期及其平方项、高管团队规模及其平方项、高管团队任期的异质性；因变量为国际化	CEO 任期和高管团队规模与企业国际化之间存在倒 U 形关系
Laufs、Bembom 和 Schwens（2016）	以问卷调查的方式调研 1730 家德国中小企业	自变量为 CEO 年龄、任期和国际化经验；调节变量为企业地理位置和政治风险；因变量为国外市场进入方式	CEO 年龄、任期对中小企业的国外市场进入方式的影响随着经理们的管理决策水平而变化，并且受中小企业的地理位置和东道国政治风险影响

综上所述，学者们应用高阶理论研究董事会、高管团队或 CEO 特征对企业国际化战略的影响，研究对象都是发达经济体跨国公司，研究方法以实证研究为主。研究视角和研究方法较为单一，研究所涉的理论需要与其他相关理论进一步整合。

（二）代理理论视角

Sanders 和 Carpenter（1998）较早从代理理论角度，研究董事会与企业国际化战略的关系。研究发现，CEO 薪酬、董事长和 CEO 两职分离与国际化程度正相关。而 Tihanyi、Johnson 和 Hoskisson 等（2003）的研究进一步发现当企业外部董事比例较大时，机构投资者中专业投资基金的经理更倾向于更高水平的国际多元化战略；而当内部董事激励水平较高时，机构投资者中养老金基金机构的经理更倾向于国际多元化战略。

George、Wiklund 和 Zahra（2005）主要以中小企业为研究对象，发现企业的内部股权所有者（如 CEO 和其他高管）是风险规避型的，在企业国际化程度和范围方面，低于和小于外部股权所有者（如风险投资家和机构投资者）。而 Musteen、Datta 和 Herrmann（2009）将研究视角转移至机构投资股东和内部董事对企业国外市场进入模式的影响，发现机构投资股东和内部董事持股比例与偏好完全控股的进入模式正相关。Alessandri 和 Seth（2014）则从激励机制角度，研究管理层持股对企业国际化战略的影响。Chen（2011）整合了代理理论和高阶理论，以台湾的上市企业为研究对象，发现独立董事的比例正向调节高管团队任期、国际化经验和企业国际化战略的关系，支持了企业独立董事作为监督者和资源提供者，能够为企业实施国际化战略提供咨询和建议。

以上学者的研究均以发达经济体跨国公司为研究对象，基本都是以代理理论为理论基础，分别研究了股东、内部董事持股、高管层激励等因素对国际化战略的影响。然而，国内外学者对新兴经济体跨国公司董事会对其国际化战略影响的研究相对较少，没有充分考虑到董事会作为资源提供者对企业国际化战略的影响。

代理理论视角的相关文献的具体信息见表 2-5。

表 2-5 代理理论视角的相关文献

文献	样本	主要变量	研究结论/意义	理论基础
Sanders 和 Carpenter（1998）	1992 年美国标准普尔 500 中的 258 家企业	自变量为国际化程度；因变量为 CEO 薪酬、高管团队规模、董事长和 CEO 两职合一和董事会规模等	企业的国际化程度与长期 CEO 薪酬和更高的 CEO 薪酬、更大的高管团队规模以及董事长和 CEO 两职分离正相关	代理理论
Tihanyi、Johnson 和 Hoskisson 等（2003）	1996 年美国标准普尔 197 家上市企业	自变量为内部董事激励、外部董事比例、机构投资者持股；因变量为国际多元化战略	机构投资者持股与国际多元化战略之间正相关，外部董事比例和内部董事激励调节二者的关系	代理理论和对外投资理论
George、Wiklund 和 Zahra（2005）	1997~2000 年以问卷调研的方式收集瑞典 889 家中小企业数据	自变量为 CEO 持股比例、高管团队持股比例、机构投资者持股比例、风险投资家持股比例、VC 股权；因变量为国际化战略	内部股权所有者（CEO 和其他的高管）倾向于规避风险，在企业国际化程度和范围方面，低于和小于外部股权所有者（风险投资家和机构投资者）	代理理论和国际化理论
Musteen、Datta 和 Herrmann（2009）	以 1991~1998 年美国 118 家企业为样本	自变量为机构投资股东持股比例、内部董事持股比例、CEO 报酬；因变量为国外市场进入模式	探讨了股权结构和薪酬契约对企业国际化战略选择行为的影响	代理理论
Chen（2011）	台湾 2002~2007 年上市制造业企业	自变量为高管团队任期和年龄、国际化经验；调节变量为独立董事比例；因变量为国际化	越长任期的高管团队与越高水平的国际化相关；高管团队任期和国际化经验与独立董事比例之间的互动是正相关的	代理理论和高阶理论
Alessandri 和 Seth（2014）	1998~2006 年美国 1058 家企业 9 年的数据	自变量为管理股权；因变量为国际多元化战略	企业实施较高管理层持股水平的激励机制不会减少企业的国际化程度	激励机制理论

（三）资源依赖理论视角

对于企业 CEO 及其高管团队做出的战略决策，尤其是在更为复杂的环境和不确定性条件下做出的国际化战略决策，董事会作为资源提供者尤为重要。董事会作为外界组织的联结者，一定程度上能够为企业的国际化运营消除外来者劣势和减少不确定性。Lai、Chen 和 Chang（2012）的研究发现具有对外直接投资决策经验的董事会成员，会考虑具体目标东道国和各种环境条件，更倾向于建议企业以并购的方式进入东道国，充分发挥董事会作为资源提供者和提供建议的职能；而 Barroso、Villegas 和 Pérez-Calero（2011）主要研究董事会成员的行业管理经验、学术成就、担任 CEO 职位的经验等对企业国际化程度的影响；Hu 和 Cui（2014）则考虑了企业不同类型的股东所拥有的资源不同，这会对企业的对外投资战略倾向产生影响，而企业 CEO 权力调节这二者的关系；Chen、Hsu 和 Chang（2016）研究了独立董事的人力资本和社会资本对企业国际化战略的影响，只考虑了独立董事的人力资本和社会资本，而没有考虑其他董事会成员的资源对企业国际化战略的影响。

资源依赖视角的相关文献的具体信息见表 2-6。

表 2-6 资源依赖视角的相关文献

文献	样本	主要变量	研究结论	理论视角
Barroso、Villegas 和 Pérez-Calero（2011）	西班牙 45 家上市企业的 562 名董事会成员	自变量为董事会成员担任 CEO 职位的经验、行业管理经验、国际化背景和学术成就；因变量为国际化	董事会成员的平均任期与国际化程度负相关；董事会具体行业的管理经验和学术成就影响国际化程度	资源基础理论
Lai、Chen 和 Chang（2012）	收集了 2001~2007 年美国企业并购和交易数据	自变量为外部董事比例、董事持有股权、董事成员投资经验；因变量为国外市场进入模式	董事会机制对企业的国外市场进入模式有重要影响，具有对外投资经验的董事倾向于鼓励并购或合资的进入模式，持有股权的董事与并购的进入方式正相关	代理理论和资源依赖理论
Hu 和 Cui（2014）	2005~2008 年中国上市企业	自变量为国有股权、国内机构投资股权、国外战略投资股权；调节变量为 CEO 权力；因变量为对外投资倾向	国内机构投资者股东和国外企业机构持股股东对企业 OFDI 倾向有正向影响，这种关系受公司 CEO 权力的调节	整合资源基础理论和代理理论

续表

文献	样本	主要变量	研究结论	理论视角
Chen、Hsu 和 Chang (2016)	173家台湾电子企业	自变量为独立董事的人力资本和社会资本；因变量为国际化	独立董事的具体行业经验、国际化经验和连锁董事联结与企业国际化正相关，独立董事的任期重叠与国际化呈倒U形关系	代理理论和资源依赖理论

(四) 制度理论视角

制度理论学派认为企业在进行海外投资时，会模仿其他跨国公司之前的进入方式，做出对外投资地理位置决策，从而消除外来者劣势 (Delios and Henisz, 2003)。该理论的基本假设是跨国公司通过模仿环境中其他跨国公司的对外投资地理位置选择策略，消除对外投资地理位置决策的不确定性 (Guillén, 2002; Li and Yao, 2010)。此模仿行为通过赋予跨国公司地理位置选择的合法性使得跨国公司能够适应组织环境带来的压力，进而增加跨国公司海外子公司在东道国的生存机会 (DiMaggio and Powell, 1983; Scott, 2008)。

Peng 和 Jiang (2008) 指出，政府介入国有企业对外直接投资可能会产生强制同形、规范同形和模仿同形，影响资源的使用和新兴经济体企业投资海外的意愿和能力。Wang、Hong 和 Kafouros 等 (2012) 研究认为，在我国国有股权程度越高，政府借助指派 CEO 对国有企业的国际化战略决策影响越大，并且借助出台政策支持企业的国际化战略。拥有较高比例政府股权的企业需要平衡政治的接受度和市场需求，确保做出的决策符合政府的目标，包括国际化的战略；而来自国有企业经理人的专业和职业激励的规范压力影响他们国际化的意愿，国有企业经理人的职业和回报主要依赖他们是否成功完成了政府制定的目标。

因此，国有企业国际化战略决策部分地受寻求海外资源和市场的目标驱动 (Ramamurti, 2001)，通常国有企业的国际化战略目标包括考虑国家经济在全球经济中的地位、展示国家形象。所以，由于存在制度压力，国有企业的国际化战略一般较少考虑资源的经济性。此外，国有企业进行国际化的愿望也受模仿压力塑造。

第四节 跨国公司董事会资本与其国际化战略关系研究的理论模型

本书根据现有的理论研究，整合资源依赖理论、代理理论和制度理论，从跨国公司董事会成员为企业实施国际化战略提供的资源角度，研究跨国公司董事会资本对其国际化战略的影响，具体理论模型见图2-3。

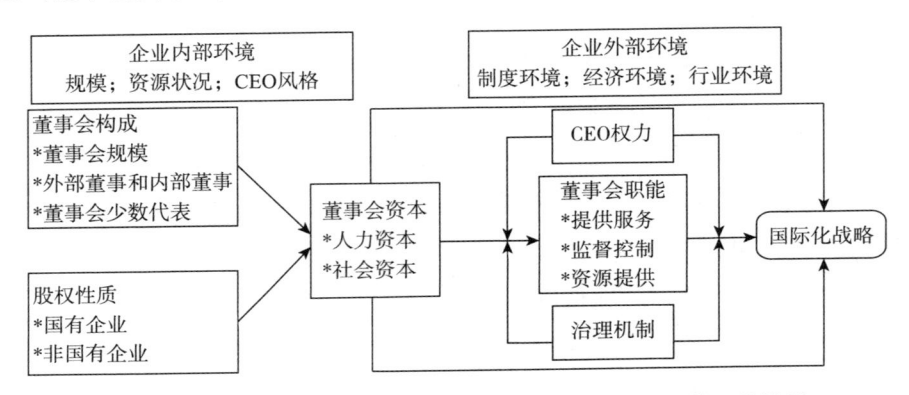

图2-3 跨国公司董事会资本与其国际化战略关系研究的理论模型

一 跨国公司董事会资本对其国际化战略的直接影响

本书在第一章提出了研究问题1：我国企业在跨国经营过程中，如何发挥董事会治理的有效性，如何利用董事会成员的相关战略经验、知识和网络资源以改善企业国际化战略决策，进而提升企业的国际化绩效？

针对研究问题1，本书以跨国公司董事会构成为切入点，基于资源依赖理论，首先，研究董事会人力资本（例如董事会成员的行业经验、国际化经验和专家角色）对企业国际化战略的直接影响；其次，研究董事会社会资本（例如董事会成员中担任连锁董事和具有政治关联的董事比例）对企业国际化战略的影响；最后，总结分析董事会带来的资源对企业国际化战略的贡献。

二 CEO权力对董事会资本与跨国公司际化战略关系的调节效应

本书第一章提出的研究问题2：CEO权力如何影响董事会资本与企业国际化战略之间的关系？董事会监督和控制CEO及其高管团队做出的战略，尤其是企业的国际化战略。那么，我国跨国公司董事会是否能够为CEO及其高管团队战略决策发挥监督、控制和资源提供的职能？

针对研究问题2，本书在分析第一个研究问题的基础上，整合制度理论和代理理论，探讨CEO权力对董事会资本与企业国际化战略关系的影响。首先，研究跨国公司的CEO权力对董事会人力资本与企业国际化战略之间关系的调节效应；其次，研究跨国公司的CEO权力对董事会社会资本与企业国际化战略之间关系的调节效应；最后，总结分析跨国公司的CEO权力、董事会资本与国际化战略之间的关系，阐明跨国公司董事会资本对企业国际化战略影响的资源提供职能。

三 跨国公司董事会治理有效性的构建

我国企业在跨国经营过程中，涌现出来一批优秀的跨国公司，如联想集团。联想集团作为我国企业国际化过程中跨国治理成功的优秀代表，在2005年并购IBM的PC事业部之前还只是一家在国内经营，主要由国内董事会和高管团队管理的PC厂商，而现在已经成长为业务遍及全球，由国际化的董事会和高管团队管理的全球第一大PC厂商，并在2015年全球企业500强中排名第231位。对于取得如此成绩，那么在这期间，联想集团董事会跨国治理有效性是如何形成的？现有的跨国公司治理理论无法很好地解释这一现象，需深入探究联想集团董事会治理有效性与其国际化战略共同演化的机制。这将对我国企业，乃至其他新兴经济体的跨国公司，进行跨国经营具有非常重大的理论以及与实践价值。

因此，本书尝试应用案例研究，探讨联想集团的董事会资本形成过程，总结和提炼董事会资本与国际化战略的演化机制，为我国企业跨国经营提供理论参考。

第三章

我国跨国公司董事会治理的现实情景

本章以我国为例考量新兴经济体跨国公司治理的现实情景，涉及我国企业对外直接投资面临的政策环境，和我国企业董事会治理改革。

第一节 我国企业对外直接投资面临的政策环境

企业在进行国际化运营时，受母国制度环境的影响较大，尤其是母国的政策、文化和法律环境的影响。同时，母国的政策环境可以在一定程度上为企业消除国际化运营过程中的外来者劣势和不确定性风险（Zhou and Guillén，2015）。自改革开放以来，我国政府从管制企业对外直接投资演变为鼓励和支持企业"走出去"进行国际化运营，出台了一系列的政策，对我国企业的国际化运营起到了积极推动作用。

一 我国对外直接投资政策的演变过程

与其他政策和法规一样，我国对外直接投资政策在最近30年发生了很大变化，在 Luo、Xue 和 Han（2010）将我国对外直接投资政策的演变划分为三阶段的基础上，本书将我国对外直接投资政策演变分为四个阶段。

（一）阶段1（1984~1990年）：萌芽阶段

20世纪80年代，正值改革开放初期，由于政府不允许进行对外直接投资，还没有企业在海外进行投资。我国当时对外直接投资管制的目标是获取外汇。只有拿到出口许可证的企业才能获得外汇收益。该阶段国家外汇管理局出台了《海外投资相关的外汇控制措施》和《境外投资外汇管理办法实施细则》，以限制我国企业对外直接投资，企业对外直接投资项目需要由国家计划委员会（国家发展和改革委员会的前身）或者国务院审批，对外直接投资活动管制非常严格。该阶段我国的对外直接投资水平较低，相关政策法规见表3-1。

表3-1 阶段1颁布的重要对外直接投资政策法规

序号	政策法规	颁布机构	时间
1	关于开放海外非贸易合资审批和管理规定的通知	外经贸部	1984年5月
2	关于考虑建立海外子公司审批程序的通知	外经贸部	1985年7月
3	管理和审批建立海外非贸易企业暂行规定	外经贸部	1985年7月
4	境外投资相关的外汇控制措施	国家外汇管理局	1989年3月
5	境外投资外汇管理办法实施细则	国家外汇管理局	1990年6月

资料来源：笔者整理。

（二）阶段2（1991~2000年）：摸着石头过河阶段

1992年邓小平"南方谈话"，提出"改革开放胆子要大一些，敢于实验"，结束了当时改革开放是走资本主义道路，还是走社会主义道路的争论，我国的经济建设回归正轨，对外直接投资活动正式成为我国经济发展规划的一部分。

该阶段，我国政府开始允许国有企业进入国际市场，进行跨国经营。然而，随着亚洲金融危机的发生，不可避免地出现了政策变化：对外投资审批程序异常严格，相关审批部门审查和监督每个对外直接投资项目的程序。1998~2002年，重新启动国有企业改革，提出"抓大放小"国有企业改革指导方针。因此，出现了一大批垄断的国有企业，如中石油、中石化、五矿集团等，它们在全球发展中国家跨国公司中排名前100。[①]

与严控对外直接投资审批程序相反的是，国家放松了外汇管制，我国也经历了从"挣外汇使用"到"买外汇使用"的外汇政策演变（Buckley, Clegg and Cross et al., 2007）。因此，外汇可以从国家外汇管理局购买以用

---

① 数据来源：UNCTAD 的 *World Investment Report* 2006。

于支持对外直接投资项目。

在 20 世纪 90 年代初,由国家计划委员会颁布的《境外投资项目管理办法》声明我国的对外直接投资应当集中应用国外先进的技术、资源和市场。文件还指出涉及国有资产的对外直接投资项目和总额超过 100 万美元的对外直接投资项目须由国家计划委员会审批,超过 3000 万美元的对外直接投资项目需由国务院批准。该阶段颁布的重要对外直接投资政策法规如表 3-2 所示。

表 3-2 阶段 2 颁布的重要对外直接投资政策法规

序号	政策法规	颁布机构	时间
1	境外投资项目管理办法	国家计划委员会	1991 年 3 月
2	关于检查和审批对外投资项目建议书和可行性研究报告的规定	国家计划委员会	1991 年 8 月
3	非贸易境外企业批准和管理的规定	外经贸部	1992 年 3 月
4	境外投资外汇风险及外汇资金来源的审查审批规范	国家外汇管理局	1993 年 9 月
5	境外投资外汇管理的补充措施	国家外汇管理局	1995 年 9 月
6	关于支持境外带料加工装配业务的信贷指导意见	国家外汇管理局、中国人民银行	1999 年 6 月
7	中小企业国际市场开拓资金管理(试行)办法	外经贸部、财政部	2000 年 10 月

资料来源:笔者整理。

(三) 阶段 3 (2001~2012 年):扬帆出海阶段

在 2000 年,我国政府正式启动企业"走出去"战略。基于该战略,出台了一系列政策法规支持和促进企业对外直接投资活动,我国政府在企业对外直接投资活动中的角色,从"管制者"转变为"引导者"。

该阶段,我国政府出台了一系列的政策和措施支持企业对外直接投资:(1) 简化企业对外投资审批手续,降低对外投资项目的门槛;(2) 建立专门机构收集和整理东道国信息为企业的境外投资活动提供引导;(3) 商务部出台了对外投资国别行业指引,对企业给予税收、融资、外汇、海关等方面的优惠和支持;(4) 汇编企业投资海外的年报数据,归纳对外投企业面临的各种经营障碍。

阶段3颁布的重要对外直接投资政策法规具体见表3-3。

表3-3 阶段3颁布的重要对外直接投资政策法规

序号	政策法规	颁布机构	时间
1	对外直接投资绩效全面评估的措施	外经贸部	2002年10月
2	对外直接投资年检暂行办法	外经贸部	2002年10月
3	对外直接投资统计制度	外经贸部	2002年12月
4	关于简化对外投资外汇管理的通知	国家外汇管理局	2003年3月
5	关于对国家鼓励的境外投资重点项目给予信贷支持政策的通知	国家发改委、中国进出口银行	2004年10月
6	对外投资国别产业导向目录（一）	商务部、外交部	2004年7月
7	境外投资项目核准暂行管理办法	国家发改委	2004年10月
8	国别投资经营障碍报告制度	商务部	2004年11月
9	企业境外并购事项前期报告制度	商务部、国家外汇管理局	2005年3月
10	对外投资国别产业导向目录（二）	商务部、外交部	2005年10月
11	鼓励和支持民营企业"走出去"草案	商务部	2006年2月
12	关于鼓励和规范我国企业对外投资合作的意见	国务院	2006年10月
13	对外直接投资统计制度	商务部	2007年1月
14	对外投资国别产业导向目录（三）	商务部、外交部和国家发改委	2007年1月
15	关于鼓励支持和引导非公有制企业对外直接投资合作的若干意见	商务部、财政部、中国人民银行等	2007年5月
16	关于境外投资联合年检和综合绩效评价工作有关事项的通知	商务部、国家外汇管理局	2008年10月
17	关于企业境外所得税收抵免有关问题的通知	财政部、国家外汇管理局	2009年12月
18	大陆企业赴台湾地区投资管理办法	国家发改委、商务部和国务院台办	2010年11月
19	境外中资企业（机构）员工管理指引	商务部、外交部、国资委和全国工商联	2011年3月
20	对外投资国别产业指引（2011版）	商务部、国家发改委和外交部	2011年8月

资料来源：笔者整理。

(四) 阶段4 (2013年至今): "一带一路"倡议

2013年, 国家主席习近平提出建设"一带一路"的倡议, 进一步促进了我国企业对外投资活动。为了实施"一带一路"的倡议, 2013年10月2日, 习近平主席提出筹建亚洲基础设施投资银行的倡议。2016年1月, 亚洲基础设施银行正式成立。

在该阶段, 商务部联合环境保护部出台了《对外投资合作环境保护指南》, 要求我国企业在对外投资活动中应保护东道国的环境, 了解并遵从东道国环境保护方面的法律法规, 以规范我国企业的对外投资活动。2015年3月正式出台相关政策促进"一带一路"沿线国家的基础设施互联互通, 推动沿线国家的经济发展, 这将进一步推动我国企业的对外直接投资活动。相关政策法规如表3-4所示。

表3-4 阶段4颁布的重要对外直接投资政策法规

序号	政策法规	颁布机构	时间
1	对外投资合作环境保护指南	商务部、环境保护部	2013年2月
2	关于支持境外经济贸易合作区建设发展有关问题的通知	商务部、国家开发银行	2013年12月
3	境外投资项目核准和备案管理办法	国家发改委	2014年4月
4	境外投资管理办法	商务部	2014年9月
5	推动共建丝绸之路经济带和21世纪海上丝绸之路的愿景与行动	国家发改委、外交部和商务部	2015年3月

资料来源: 笔者整理。

二 我国对外直接投资政策体系

本节前文从我国对外直接投资政策演变的角度, 探讨了我国对外直接投资政策演变的四个阶段。对上述政策进行总结, 可将我国颁布的对外直接投资政策分为两部分: 对外直接投资的促进政策和对外直接投资的监督政策 (如图3-1所示)。

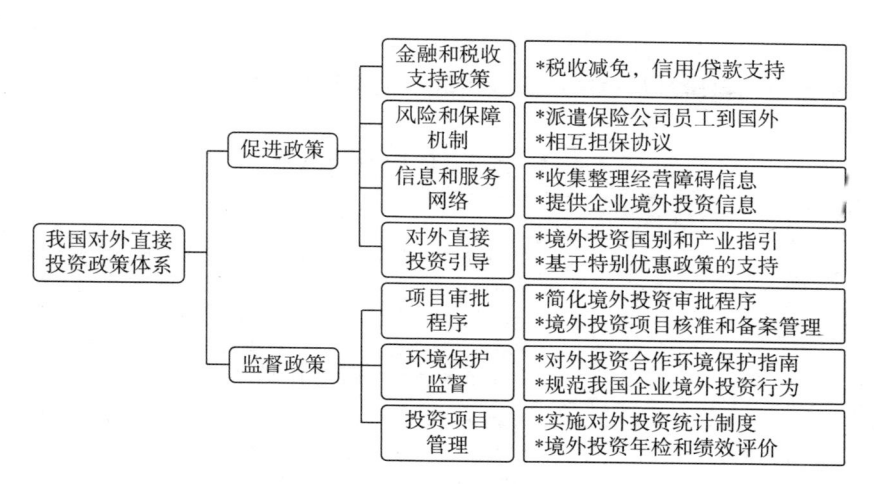

```
我国对外直接        ┌─ 促进政策 ─┬─ 金融和税收支持政策 ── *税收减免，信用/贷款支持
投资政策体系              │         ├─ 风险和保障机制 ── *派遣保险公司员工到国外
                          │         │                   *相互担保协议
                          │         ├─ 信息和服务网络 ── *收集整理经营障碍信息
                          │         │                   *提供企业境外投资信息
                          │         └─ 对外直接投资引导 ── *境外投资国别和产业指引
                          │                             *基于特别优惠政策的支持
                          └─ 监督政策 ─┬─ 项目审批程序 ── *简化境外投资审批程序
                                      │                 *境外投资项目核准和备案管理
                                      ├─ 环境保护监督 ── *对外投资合作环境保护指南
                                      │                 *规范我国企业境外投资行为
                                      └─ 投资项目管理 ── *实施对外投资统计制度
                                                       *境外投资年检和绩效评价
```

图 3-1 我国现有对外直接投资政策体系

第二节 我国企业董事会治理改革的现实情景

第一节分析了我国对外直接投资政策的演变过程，这些外部的政策构成了我国企业"走出去"的宏观政策环境。本节将从企业董事会治理改革状况角度探讨影响企业国际化运营的内部重要因素。

企业是国民经济发展的主要微观主体，而董事会治理的有效性则是现代企业治理的核心问题，企业要进行国际化，董事会治理的有效性是基本的制度基础。学者、企业和各国政府都在积极探索合理的董事会构成和董事会治理机制，作为新兴经济体的中国亦是如此。

一 我国企业董事会治理的相关法规

企业治理监管环境的有效性是我国企业治理改革"规则、合规和问责"过程不断完善的保证（李维安，2009；李维安、邱艾超和牛建波等，2011）。中国证监会一直努力推动证券市场的重大改革，法律法规的修订和调整贯穿中国企业治理改革的整个过程，同时也体现在企业董事会治理改革的历程中。

在此总结了与董事会治理有关的法律法规，具体如表 3-5 所示。相关的法律法规明确规定了我国公司董事会人数、任期等基本情况,并且还明确规定董事会对管理层战略决策提供战略性指导和监督控制职能。

表 3-5 董事会相关的法律法规

序号	政策法规	董事会相关规定列举
1	公司法	第 44 条规定有限责任公司设董事会,其成员为 3~13 人;董事会设董事长 1 人,可设副董事长;第 45 条规定董事任期由公司章程规定,但每届任期不得超过 3 年,董事任期届满,连选可以连任;第 46 条规定了董事会职权;第 47 和第 48 条规定了董事会的议事方式和表决程序等。
2	证券法	第 47 条规定了持有上市公司股份 5% 以上董事、监事、高级管理人员的股票交易事宜;第 66 条规定每一个会计年度公布董事、监事、高级管理人员简介及其持股情况。
3	公司治理结构原则	规定公司治理结构框架,确保董事会对公司的战略性指导和对管理人员进行有效监督。
4	关于在上市公司建立独立董事制度的指导意见(证监发〔2001〕102 号)	主要规定了上市公司应当建立独立董事制度,独立董事应当具备与其行使职权相适应的任职条件,规定独立董事必须具有独立性,独立董事的提名、选举和更换应当依法、规范地进行以及应当发挥独立董事的作用等。
5	上市公司章程指引	第五章对公司董事会做了详细的要求,对董事的担任条件、任期履行的义务等做了详细要求,对董事会的人数、职权、重大战略的监督和控制等做了明确要求。
6	上市公司治理准则	对上市公司董事的选聘程序、董事会构成(例如第 41 条董事会应具备合理的专业结构,其成员应具备履行职务所必需的知识、技能和素质)、独立董事制度等做了明确要求。

资料来源:笔者整理。

1999 年对《公司法》提出第一次修正,2004 年对《公司法》与《证券法》提出最新修正,2005 年修订完成,并于 2006 年起施行。2012 年,中国证监会继续推动《公司法》《证券法》修订。除了完善法律法规的要求外,企业的实践推动也具有重要意义。同时,中国证监会推行股权激励试点,关注股份制改革、制定上市企业内部控制基本规范,以及完善股东大会议事规则。为了防止滥用职权,中国证监会继续把提升企业的治理水平作为基础性工作,并加大监管力度。

为了完善与董事会相关的规定和法规,又出台了一些政策和法规,进一步明确独立董事的职能,董事会的监督、控制和建议职能,以充分发挥董事会对管理层战略决策的作用。

二 我国国有企业董事会治理改革现状

（一）我国国有企业董事会治理改革试点

我国政府高度重视国有企业董事会治理改革，已经出台了一系列的相关政策和法规。如 2004 年，国务院国资委发布《关于中央企业建立和完善国有独资公司董事会试点指导意见》，以实质性推动国有独资公司建立董事会。2010 年，《政府工作报告》提出，要继续推进国有经济布局和结构战略性调整；加快大型国有企业特别是中央企业母公司的公司制改革，实现产权多元化，完善法人治理结构等。2010 年 4 月，在亚洲博鳌论坛公司治理分论坛上，国资委副主任邵宁表示，"央企改善公司治理结构，董事会试点效果好……改变了一把手负责制……有利于科学决策。"

2004 年 2 月，国资委向国务院提出开展国有独资公司董事会试点工作并得到同意，同年 4 月国资委决定选择部分央企开展董事会建设试点，并且于同年 6 月正式启动央企董事会试点工作，下发了《关于中央企业建立和完善国有独资公司董事会试点工作的通知》，选择以宝钢集团为首的 7 家央企作为第一批试点单位，其中包括：神华集团、中国铁通集团、中国诚通控股、中国国旅集团、中国高新投资集团、中国医药集团总公司。而且很多企业开始效仿国有企业董事会制度设置，在内部设置适合企业管理特征的治理结构。2005 年 10 月，宝钢集团依照《公司法》改建为规范的国有独资公司，成为第一家外部董事超过董事会成员半数的中央企业。截至 2015 年底，国资委进行董事会试点的中央企业已达 57 家。

（二）典型国有跨国公司董事会治理改革

本书通过实地企业调研访谈和问卷调研的方式，对我国国有跨国公司董事会改革试点的企业，如宝钢、武钢、西电以及东风汽车等进行了深入了解。① 访谈企业名称、访谈对象以及访谈内容如表 3-6 所示。

---

① 调研得到国家自然科学基金重点课题"我国集团企业跨国治理与评价研究"（71132001）和亚洲开发银行委托课题"完善中国企业的公司治理、合规管理和企业社会责任"的资助。

表3-6 企业访谈的基本信息

企业名称	访谈对象	访谈内容	时间地点
宝钢集团	法律主管、公司治理主管、公共关系（社会责任）总监以及海外区域研究所所长	董事会建设情况、国际化业务运营和国有跨国公司治理状况	2013年5月21日，上海
武钢集团	管理总监、海外矿产资源事业部财务总监、海外资源管理总监兼海外矿产资源事业部部长、运营改善部部长、法律事务部部长、经济管理研究院处长等	董事会建设情况、国际化业务运营和国有跨国公司治理状况	2013年5月15日，武汉
西电集团	董事会秘书、法律与证券事务部部长和信息化事务部部长、组织管理制度提升部部长等相关部门负责人	董事会建设情况、国际化业务运营和国有跨国公司治理状况	2013年7月16日，西安
东风汽车	组织信息部部长、法律与证券事务部部长和组织开发处处长等相关部门负责人	董事会建设与国有跨国公司治理状况	2013年5月16日，武汉

资料来源：笔者整理。

1. 被调查中央企业基本概况

（1）宝钢集团概况。宝钢集团有限公司（简称"宝钢集团"），系依法成立的国有独资企业，由国务院国有资产监督管理委员会代表国务院履行出资人职责。依法享有民事权利，承担民事责任，并以全部资产对企业债务承担责任。

宝钢集团是中国最具竞争力的钢铁联合企业。立足钢铁主业，生产高技术含量、高附加值钢铁精品，已形成普碳钢、不锈钢、特钢三大产品系列，广泛应用于汽车、家电、石油化工、机械制造、能源交通、建筑装潢、金属制品、航天航空、核电、电子仪表等行业。产品通遍布全球的销售网络，畅销国内外市场，不仅保持国内板材市场的主导地位，而且将钢铁精品出口至日本、韩国、欧美等40多个国家和地区。

截至2010年末，宝钢集团资产总额为4321亿元，所有者权益为2602亿元。2010年，实现营业总收入2730亿元，利润总额为242亿元。截至2010年末，职工总人数为118500人。2010年，产钢4450万吨，位列全球钢铁企业第三位。2011年，连续八年进入美国《财富》杂志评选的世界

500强企业，列第212位。

近年来，宝钢集团重点围绕钢铁供应链、技术链、资源利用链加大内外部资源整合力度，提高竞争力，提高行业地位，已形成钢铁主业和资源开发及物流、钢材延伸加工、工程技术服务、煤化工、金融投资、生产服务等六大相关产业协同发展的业务结构。

（2）武钢集团概况。武汉钢铁集团公司（简称"武钢集团"）是新中国成立后兴建的第一个特大型钢铁联合企业。拥有矿山采掘、炼焦、炼铁、炼钢、轧钢及物流、配套公辅设施等一整套先进的钢铁生产工艺设备，并在联合重组鄂钢、柳钢、昆钢后，成为生产规模近4000万吨的大型企业集团，居世界钢铁行业第四位。

现有三大主业，即钢铁制造业、高新技术产业和国际贸易。钢铁产品主要有热轧卷板、热轧型钢、热轧重轨、中厚板、冷轧卷板、镀锌板、镀锡板、冷轧取向和无取向硅钢片、彩涂钢板、高速线材等几百个品种。其中，冷轧硅钢片和船板钢获"中国名牌产品"称号，汽车板、桥梁用钢、管线钢、压力容器钢、集装箱用钢、帘线钢、耐火耐候钢、电工系列用钢等优质名牌产品在国内外市场享有广泛的声誉，"武钢"被评为全国驰名商标。先后获得国家技术创新奖、全国质量管理奖、全国质量效益型先进企业、全国用户满意先进单位、全国企业管理杰出贡献奖、全国文明单位以及中央企业十大典型之一等奖项或荣誉称号。

2011年，武钢集团加大投资的非钢产业挣得了20.8亿元的利润，占据整个集团利润的七成，并帮助企业在钢铁业的严冬期保持着17.4%的利润增幅。2015年，"武钢"品牌荣登由中国品牌价值研究院主办的"2015年中国品牌500强"榜单，排名54位。2012年财富世界500强排行榜排名第321位。

（3）西电集团概况。中国西电集团有限公司（简称"西电集团"）是我国唯一一家以完整输配电产业为主业的中央企业，集科研、开发、制造、贸易、金融于一体。历经一个甲子的拼搏与发展，西电集团已经成为我国最具规模、成套能力最强的中压、高压、超高压、特高压交直流输配电设备和其他电工产品的研发制造、实验检测和服务基地。是首批国家级知识产权示范企业,先后多年位居中国电气百强企业之首,并荣获全国"五一劳动奖状",先后荣获国家科技进步奖 23 项(特等奖 3 项、一等奖 7 项)。

目前拥有全资和控股子公司(单位)60 余家,其中包括 2 家上市公司、4 个国家级企业技术中心和工程实验室、4 个国家级质量检测中心、4 家海外合资合作企业、40 余个驻外营销服务机构。职工总数 18000 余人,中级职称以上专业技术人员 3000 余人,其中高级职称专业技术人员 800 余人,享受国务院政府特殊津贴专家 30 余人。

作为我国输配电装备制造业中最具代表性的企业和"走出去"的重要力量,西电集团曾先后为我国多个交直流输电工程以及"三峡工程""西电东送"、超特高压交直流等国家重点工程项目提供成套输配电设备和服务,并为 80 多个国家和地区提供了可靠的产品和优质的服务,在全球市场建立了"XD"品牌良好的声誉和形象。

进入新时代,西电集团将紧紧抓住国家"加快建设制造强国,加快发展先进制造业"的历史性机遇不放松,转型升级,改革发展,持续推动管理变革、质量变革、效率变革、动力变革,培育新动能、建立新优势,推动企业高质量历史性跨越式发展,打造世界一流智慧电气系统解决方案服务商。

(4)东风汽车概况。东风汽车集团有限公司(简称"东风汽车")是中央直管的特大型汽车企业。现有总资产 3256 亿元,员工 16 万多名。主营业务涵盖全系列商用车、乘用车、新能源汽车、军车、关键汽车总成和零部件、汽车装备以及汽车相关业务。事业分布在武汉、十堰、襄阳、广州等国内 20 多个城市,在瑞典建有海外研发基地,在中东、非洲、东南亚等区域建有海外制造基地,在南美、东欧、西亚等区域建有海外营销平台,拥有法国 PSA 集团 14% 的股份,是 PSA 三大股东之一。经营规模超过 400 万辆,位居中国汽车行业第 2 位;销售收入超过 6000 亿元,位居世界 500 强第 65 位、中国企业 500 强第 15 位、中国制造业 500 强第 3 位。

近半个世纪以来,东风汽车积淀了厚重的科技与文化底蕴,构建起行业领先的产品研发能力、生产制造能力、市场营销能力与客户服务能力,对推动国民经济发展、促进社会就业、改善民生福祉做出了积极贡献。特别是党的十八大以来，在以习近平同志为核心的党中央的坚强领导下，东风汽车深入贯彻落实习近平新时代中国特色社会主义思想和党的十八大、十九大精神，坚持以新发展理念为统领，各项事业呈现新气象，综合实力和核心竞争力不断增强，开辟了发展新境界。

东风汽车坚持创新驱动，致力于建设世界汽车科技强企。研发实力雄厚，目前已形成以东风汽车公司技术中心为主体、各子公司研发机构协同运作的复合开发体系，东风汽车公司技术中心是国家级企业技术中心、国家一类科研院所、国家级海外高层次人才创新创业基地。乘用车形成多个整车平台和发动机平台，具备 K&C 试验、整车 NVH 试验、电磁兼容试验等试验能力；商用车具备整车、发动机、车身开发和关键总成和零部件的开发能力。科技创新能力保持行业领先，中国汽车工业科学技术奖获奖数量、质量居行业前列，"东风猛士"获国家科学技术进步奖一等奖，混合动力城市客车节能减排关键技术获国家科学技术进步奖二等奖。

东风汽车坚持自主发展，矢志不渝发展自主品牌。自主品牌乘用车已形成东风风神、东风风行、东风风光、东风启辰等多个子品牌齐头并进、协同发展的格局，产品涵盖轿车、SUV、MPV、CUV 等各类车型，覆盖高级、中级、经济型等各个级别；商用车涵盖重、中、轻、微、特全系列；新能源汽车涵盖纯电动、插电式混合动力、燃料电池等多个系列，纯电动车续航里程达到行业领先水平；把握汽车产业与互联网融合发展趋势，前瞻布局智能网联汽车，建立了车联网品牌 WindLink，无人驾驶乘用车和商用车已分别达到了 L3 和 L4 水平。自主品牌销量跨越百万辆，位居行业第三位，其中商用车位居行业第一位。创新出行服务模式，汽车分时租赁平台"东风出行"已上线运行。实施品牌战略，"品质、智慧、和悦"的核心价值理念深入人心。

2. 被调查中央企业董事会治理改革分析

本书通过访谈的方式，获得了典型跨国公司董事会治理改革的情况。

（1）宝钢集团作为第一批试点央企，于 2005 年 10 月 17 日成立第一届董事会，其中外部董事占多数（9 名董事中 5 名为外部董事）；2009 年 1 月成立第二届董事会，11 名董事中 7 名董事为外部董事；2012 年 3 月成立第三届董事会，董事会结构又恢复到第一届董事会的外部董事设置比例，即9名董事中5名为外部董事。宝钢集团董事会的结构一直保持外部董事占多数且以董事会为企业治理结构的核心，从而构建董事会、经营层、监事会等互相制衡的企业治理机制。

（2）武钢集团没有建立董事会，但是在其全资子公司层面，每个子公司都设立了董事会。武钢集团层面：总经理负责制，最高决策机构是党政联席会；主业四大子公司的董事会设置相似，比较成熟，运作比较规范。其中，武钢股份是上市企业，董事会是按照证监会的要求设立的。其他三家是重组企业，董事会人员的设立与股权比例相对应。相关产业的11家二级直管子公司（11家全资子公司）全部建立了外部董事占多数的董事会治理结构。

（3）西电集团董事会改革情况：按照国务院国资委的要求，于2010年实现整体上市，目前西电集团是母公司，西电股份有限公司是上市子公司，领导层仍然是一套人马，挂两个牌子在运营。董事会中有4名董事（3名独立董事）。董事长与总经理由两人担任。西电集团治理结构是在多方压力和推动力之下得到不断完善的。西电股份有限公司上市早于西电集团整体上市，其治理结构比较完善；西电集团与通用电器成为战略伙伴，而通用电器的治理结构以及治理有效性都比较突出；同时西电集团在埃及、马来西亚建厂以及在美国、德国等发达国家进行投资，上述国家对技术、标准的要求都比较苛刻，而且当地合作伙伴的治理结构以及运行机制都比较完善。因此在多方压力之下，西电集团不断完善其治理机制。

（4）东风汽车董事会成立时间为2011年4月18日，董事会由9名董事组成，其中5名外部董事、4名非外部董事（含1名职工董事）。在董事会试点过程中，东风汽车内部决策机制日益完善和科学，达到了对风险的控制和规避；同时东风汽车针对项目决策建立了一套完整的制度，在一定程度上提高了约束和激励国有企业高管层的能力。

通过对以上企业的调研和分析，本书总结了我国国有企业董事会改革的模式。

（1）外部董事过半数模式，如中国中煤能源集团有限公司的董事会有4名外部董事和3名内部董事；中国兵器装备集团公司和中国外运集团有限公司的董事会有 5 名外部董事和 3 名内部董事；中国铁路工程集团有限公司、中国房地产开发集团有限公司、中国电子信息产业集团有限公司、神华集团有限责任公司和宝钢集团有限公司的董事会都有 5 名外部董事和 4 名内部董事；中国机械工业集团有限公司、中国农业发展集团有限公司、中铁建设集团有限公司、攀钢集团有限公司和中国建筑材料集团有限公司的董事会都有 6 名外部董事和 5 名内部董事。

（2）内外部董事均衡模式，如中国东方电气集团有限公司和中国恒天集团有限公司的董事会都有 4 名内部董事和 4 名外部董事；中国冶金科工集团有限公司的董事会有 5 名外部董事和 5 名内部董事。

（3）内部董事占多数模式，如中国铁通集团有限公司的董事会有 5 名内部董事和 4 名外部董事；中国医药集团有限公司的董事会有 6 名内部董事和 3 名外部董事；新兴铸管集团有限公司的董事会有 6 名内部董事和 5 名外部董事。

（三）我国国有跨国公司董事会治理改革总结

通过以上调研分析，发现目前国有企业董事会改革仍然存在一些问题。第一，董事会的授权不到位，国有企业的董事长和总经理主要是政府指派，而不是从经理人市场上选聘而来，从而导致经理人的权力较大，董事会能够发挥的监督和控制职能有限；第二，国有企业的董事会刚刚建立，需要很长时间的运作实践和学习过程，不可能一蹴而就成为战略性董事会；第三，国有企业的董事一般都是选聘的离退休的官员或者行业机构的领导等，缺乏真正意义独立董事的知识和能力，而且过于单一，无法胜任监督和控制职能，并不足以为企业的国际化战略决策提供服务。

在实地调研中了解到我国国有企业在国际化运营过程中实际面临一些问题。我国国有企业董事会试点是一个比较好的完善企业治理机制的契机，但是现阶段我国国有企业的董事会建设只在流程、结构上符合要求，即形式上合规，而实际上只做到了"认认真真走过场"的情形，导致我国国有企业董事会治理的有效性较低。同时，我国国有企业现有的外部董事激励机制很难保证外部董事的独立性。另外，我国国有跨国公司现有的考核机制不利于企业在海外进行直接投资。

第四章

跨国公司董事会资本对其国际化战略的影响

我国的跨国公司在海外扩张过程中虽然可获得国家政策的支持、股权和低成本等方面的优势,但是同时也会面临在国际市场品牌知名度不高、技术资源薄弱、国际化人才缺乏以及对东道国环境不熟悉等挑战。在此情景下,跨国公司董事会治理的有效性对其国际化战略非常重要。本章基于资源依赖理论和代理理论,探讨跨国公司董事会资本对其国际化战略的直接影响。

第一节 董事会资本与国际化战略关系的理论分析与研究假设

一 董事会资本与国际化战略关系的理论分析

(一) 国际化理论

国际化是企业拓展它的商品和服务到全球不同的区域和国家,进入不同的地理位置或市场的一种战略 (Hitt, Tihanyi and Miller et al., 2006)。国际化运营不仅能够使企业获得市场机会,还会使得企业快速发展。更为重要的是企业通过国际化能获得很多好处,如企业达到规模经济、获得接触新资源的机会、利用地理位置优势、跨边界的交易更加灵活和较强的溢价能力、改善企业绩效等 (Hitt, Hoskisson and Kim, 1997)。

在企业进入国际市场进行跨国投资时，由于东道国环境的不确定性会带来高风险和高成本问题，企业的国际化战略决策十分复杂（George，Wiklund and Zahra，2005）。在国际化过程中，企业规模日益增大，就会产生组织协调困难、激励问题、母公司和海外子公司信息不对称问题，以及母公司监督成本的增加等问题（Zaheer，1995；Tihanyi，Ellstrand and Daily et al.，2000）。而信息不对称和东道国政治环境的不确定性会引发一系列风险问题（Herrmann and Datta，2005）；同时，企业不熟悉东道国环境，以及政治、经济和文化的差异会带来新进入者劣势（Liabilities of Newness）（Lu and Beamish，2004）和外来者劣势（Liabilities of Foreignness）（Zaheer，1995）等问题。

因此，企业在进入国外市场并进行扩张时需要有足够的资源，如国外市场相关的知识、经验、信息、技术、国际化管理能力等，这些资源能够帮助企业克服外来者劣势，应对在东道国经营时可能遭遇的经营风险（Hitt and Shimizu，2006）。如果企业在国际化扩张中缺乏这些资源，企业的国际化绩效就会受到影响。基于资源依赖理论和代理理论，本章尝试探讨新兴经济体情景下，董事会的人力资本和社会资本对企业国际化战略的影响。

（二）代理理论和资源依赖理论

企业治理领域的学者认为董事会在参与企业战略决策的制定方面发挥了比较重要作用（Johnson，Daily and Ellstrand，1996），董事会作为一种跨边界的治理机制，能够为企业的战略决策提供有价值的指导。目前，有关董事会对企业战略决策的作用的研究主要遵循两个理论视角。

第一，持代理理论视角的学者，认为董事会最重要的职能是代表股东监督和控制管理层，认为委托代理关系存在利益冲突（Jesen and Meckling，1976），而董事会成员能够很好地代表股东监督和控制管理层，减少利益冲突，避免股东利益受到侵害（Kroll、Walters and Wright，2008；Ellstrand，Tihanyi and Johnson，2002）。代理理论学派的学者认为企业出现两类代理问题：股东和经理层追求的目标有冲突和对待风险的态度也有差异（Eisenhardt，1989a）。代理理论假定股东和管理层被激励最大化个人财富，但是他们所追求的目标有冲突。类似的，股东与管理层对待金融风险的态度有差异，前者倾向于规避风险（Eisenhardt，1989a）。

董事会被认为是保护股东利益的有效治理机制之一。董事会能够代表股东监督和控制管理层的决策，有效保护股东的利益（Osma，2008）。Tihanyi、Johnson 和 Hoskisson 等（2003）研究发现，董事会中的独立董事能够履行企业在国际化扩张中的监督作用。Chen（2011）的研究也提出董事会能够监督高管层，确保企业的国际化战略实施。

第二，监督和控制只是董事会的一种职能，另外一种职能是为企业战略实施提供资源（Johnson，Daily and Ellstrand，1996）。资源依赖理论的学者们提出董事会的职能是提供企业发展所需要的资源，并探讨了董事会资本如何为企业发展提供必要资源。Pfeffer 和 Salancik（1978）提出与外部环境有链接的董事会可以为企业提供四种益处：具体资源的提供，例如在各个战略领域具有丰富经验的董事会成员的专业知识和建议；提供企业与外部组织之间的沟通渠道；获得外部重要机构的帮助；提供合法性。

基于资源依赖理论视角，董事会的资源提供职能描述了董事会如何方便企业获取重要资源及相关信息渠道和他们如何确保企业的制度合法性（Pearce and Zahra，1992；Pfeffer and Salancik，1978）。后来，有学者将董事会的资源以董事会资本的形式提出来，研究董事会资本与企业战略的关系（Hillman and Dalziel，2003；Haynes and Hillman，2010）。Hillman 和 Dalziel（2003）将董事会资本分为人力资本和社会资本，代表董事会提供给企业资源的能力。Haynes 和 Hillman（2010）将 Hillman 和 Dalziel（2003）的研究成果拓展至董事会资本对企业战略决策过程的影响。

董事会使用人力资本和社会资本履行监督和资源提供职能（Haynes and Hillman，2010），尤其是资源提供职能，董事会资本能够为企业的战略决策提供资源和建议。Chen、Hsu 和 Chang（2016）在 Hillman 和 Dalziel（2003）提出的董事会资本概念的基础上，研究了董事会中独立董事的人力资本和社会资本对企业国际化战略和企业绩效的影响。但他们仅考虑了董事会中独立董事的行业经验、国际化经验（人力资本）和连锁董事网络（社会资本）对企业国际化战略的影响，忽略了内部董事的人力资本和社会资本对企业国际化战略的影响。

尽管很多学者认为董事会的监督和控制职能是必要的，但是董事会不仅履行监督和控制职能，还履行资源提供的职能。因此，本书基于代理理论和资源依赖理论，认为董事会作为资源提供者，能够影响企业的国际化战略和行为。本章聚焦董事会的人力资本和社会资本对企业国际化战略的影响，探讨董事会治理的有效性对公司国际化战略影响的内在机制。

二 董事会资本与国际化战略关系的研究假设

（一）跨国公司董事会的人力资本和社会资本

Becker（1964）提出人力资本的概念，认为人力资本是指个人通过他们以前的经验、培训和教育所形成的学习技能和知识。Ployhart 和 Moliterno（2011）拓展了人力资本的概念，不仅包含知识和技能，还包括个体的心理学属性的认知能力和其他能力（如个性、价值观和兴趣）。个体的社会资本是指嵌入在个体所拥有的关系网络中实际和潜在的资源（Nahapiet and Ghoshal，1998：243）。而 Hillman 和 Dalziel（2003）把人力资本和社会资本的概念引入董事会资本的研究当中，将董事会的资本划分为人力资本和社会资本。同时他们指出，董事会的人力资本是指董事会成员能够给企业决策过程带来的知识、经验和技能（Hillman and Dalziel，2003；Johnson，Schnatterly and Hill，2013）。董事会的社会资本主要指董事会通过网络关系可获取的资源（Tian，Haleblian and Rajagopalan，2011）。

基于 Hillman 和 Dalziel（2003）提出的董事会资本概念，Haynes 和 Hillman（2010）使用董事会成员的职能异质性、职业背景异质性等测量董事会人力资本，使用董事会成员担任连锁董事的异质性和行业连锁的比例测量董事会社会资本。Chen、Hsu 和 Chang（2016）的研究发现，董事会中独立董事的行业经验和国际化经验（人力资本）对企业国际化战略有正向影响，而董事会中独立董事在其他企业担任连锁董事的比例（社会资本）对企业国际化战略也有正向影响。

综合以上学者的研究，本书将董事会的人力资本界定为能够影响企业战略决策的董事会成员的知识、经验、技能和个性特征（Hillman and Dalziel，2003；Ployhart and Moliterno，2011；Johnson，Schnatterly and Hill，

2013）；将董事会的社会资本界定为能够影响企业战略决策的嵌入在董事会成员所拥有的关系网络中实际的和潜在的资源（Hillman and Dalziel，2003；Nahapiet and Ghoshal，1998；Tian，Haleblian and Rajagopalan，2011）。董事会人力资本包括董事会成员拥有的行业经验、国际化经验、专家角色等，董事会的社会资本具体包括董事会成员担任连锁董事、董事会成员的政治关联等。

（二）跨国公司董事会的人力资本与国际化战略的关系

企业的战略决策受到管理层以前的知识和经验的影响（Mitchell，Shepherd and Sharfman，2011）。Kroll、Walters和Wright（2008）提出通过经验积累获得专业知识的董事会成员不仅能够更好地监督高管，还能为企业战略决策的实施提供更有用的建议，尤其是当企业实施并购战略时。Barroso、Villegas和Pérez-Calero（2011）以西班牙45家上市企业的562个董事会成员为样本，研究发现董事会人力资本中董事会成员在企业所属行业的管理经验和较高的学术成就与企业国际化程度成正比。而Chen（2011）通过对台湾上市企业的研究也发现，董事会人力资本中独立董事的国际化经验正向影响企业的国际化程度，验证了董事会作为资源提供者能够为高管们提供建议和咨询服务以推动企业国际化战略的实施。

1. 董事会中具有行业经验的董事比例与企业国际化战略

企业决策者具体行业的经验是有价值、稀缺和难以模仿的资源（Castanias and Helfat，1991），在企业所在行业有工作经验的独立董事拥有该行业的相关知识（Tian，Haleblian and Rajagopalan，2011）。有研究表明董事会成员的具体行业知识影响董事会的决策。例如，Kroll、Walters和Wright（2008）的研究发现，外部董事的具体行业经验能够促使董事会做出并购的决策，而在企业所在行业拥有一线工作经验的董事会成员具有该行业发展机会和约束方面的隐性知识，对行业的理解更加深刻。

更为重要的是，具有丰富经验的董事会成员在行业中的位置，使得他们能够与重要的行业参与人，如与国际化的人才、全球供应商和东道国本地分销商等建立良好的关系，从而能够帮助企业获得重要的资源，为企业实施国际扩张战略提供帮助（Kor and Sundaramurty，2009）。拥有具体行业经验的董事会成员，不仅能够看到本行业的发展动态，而且能够识别和开拓该行业新的发展机会，还能够更加精准地评价企业的发展战略（Le, Kroll and Walters, 2013）。这些董事会成员能够有效地监督管理层，避免具有风险的国际化战略的实施。而 Chen、Hsu 和 Chang（2016）以台湾电子行业的企业为样本，实证研究发现董事会的行业经验正向影响企业国际化程度。

总之，具有行业经验的董事会成员通过他们在行业中的位置和拥有的行业经验，能够接触到行业的关键资源，为企业国际化战略决策提供资源和信息。因此，本书提出如下假设。

H_{1a}：跨国公司董事会中具有行业经验的董事比例与国际化程度呈正相关关系。

2. 董事会中具有国际化经验的董事比例与企业国际化战略

董事会成员的国际化经验是指董事会成员具有国外教育背景、国外工作经验或者是外籍人士（Herrmann and Datta, 2005; Tihanyi, Johnson and Hoskisson et al., 2003）。董事成员的国际化经验是隐性知识，是其他企业难以模仿的资源之一（Barney, 1991）。企业进行国际化运营，往往缺乏对国外可行项目和潜在市场的必要信息和知识。通过具有国际化经验的董事会成员对管理层提出的战略决策进行有效的监督和提供建议，能够减少管理层提出不合理的国际化战略决策的机会（Lai, Chen and Chang, 2012）。

以前的研究已经将 CEO/高管团队的国际化经验与企业国际化建立了联系（Herrmann and Datta, 2002, 2005; Tihanyi, Ellstrand and Daily et al., 2000）。这些学者认为 CEO/高管团队具有的国际化经验能够使得他们将自己的文化与东道国的文化融合，能够更容易地从外部关系中获得信息，从而帮助企业获得在东道国经营的重要知识。因此，国际化经验对于管理层人员是一种稀缺的知识，能够有效地帮助企业减少国际化运营过程中的不确定性（Herrmann and Datta, 2005; Sambharya, 1996）。

具有国际市场知识和与东道国市场打交道的能力的董事成员对于企业国际化战略决策起到较好的支持作用（Zahra and Naldi, 2007）。周建、尹翠芳和陈素蓉（2014）以中国上市企业为样本，从高阶理论视角，研究董事会团队属性与企业国际化战略之间的关系，实证研究发现具有国际化经验的董事会与企业国际化程度正相关。而董事会成员的国外专门知识，降低了国际化环境的不确定性，从而促进了企业的国际化。

此外，董事会成员中的国外董事能够很好地理解国际经营环境，能够将他们所在的企业与全球竞争者进行比较，发挥自身在董事会中的监督和建议职能。他们能提供关于国际化供应商、员工和顾客的有价值的知识，从而为企业的管理者提供更好的管理决策建议，有助于企业海外扩张（Oxelheim, Gregorič and Randøy et al., 2013）。

综上所述，具有国际化经验的董事会成员能够作为监督者和资源提供者为企业进行国际化扩张提供有效的建议。因此，本书提出如下假设。

H_{1b}：跨国公司董事会中具有国际化经验的董事比例与国际化程度呈正相关关系。

3. 董事会中具有专家角色的董事比例与企业国际化战略

董事会在企业有三个基本的角色（职能）：控制、监督，资源提供和服务（Jonson, Daily and Ellstrand, 1996）。董事的资源提供者角色，根植于资源依赖理论，董事会成员作为资源提供者倾向于链接到重要的外部组织与利益相关者，为企业战略决策提供支持（Hillman and Dalziel, 2003），也是本书董事会资本的视角之一；而董事会的服务角色，主要指董事会向他们的企业提供专家建议和引导，没有引起学者的关注（Krause, Semadeni and Cannella, 2013）。

最早提出董事会中董事专家角色的是 Hillman、Cannella 和 Paetzold (2000)，他们将董事会中董事的专家角色分为：经营专家、支持专家和团体影响力专家。经营专家是指在一般管理中具有重要的知识和专门技术的董事，如其他大的营利机构的高管或者董事；支持专家包括法律专家（律师)、金融专家(如银行家、风险投资家和投行专家);团体影响力专家包括政客、学者或者其他团体成员(非营利组织的领导和专家)。

McDonald、Westphal 和 Graebner(2008)系统论述了董事的专家角色如何影响企业战略实施的绩效。基于有关专家角色的心理学理论,他们发现拥有并购经验的外部董事与并购绩效的提升有关。具有相同行业并购经验的董事,企业的并购绩效就会相对较高。他们的研究发现很重要,说明专家角色具有情景因素,专家的价值是依赖情景的。基于此,Krause、Semadeni 和 Cannella(2013)探讨了董事会成员的专家角色,尤其是具有企业经营专家角色的董事如何影响企业的绩效。他们的研究发现当企业运营效率下降时,董事会成员中拥有外部的 COO/董事长正向影响企业绩效。而当企业的运营效率上升时,拥有外部的 COO/董事长负向影响企业的绩效。

综上所述,企业董事会中拥有经营专家、支持专家和团体影响力专家,有助于企业实施国际化扩张战略。因此,本书提出如下假设。

H_{1c}:跨国公司董事会中具有专家角色的董事比例与国际化程度呈正相关关系。

(三) 跨国公司董事会的社会资本和国际化战略的关系

企业董事会的社会资本主要指能够影响企业战略决策的嵌入在董事会成员所拥有的关系网络中实际的和潜在的资源。广泛地与外部组织建立联系的董事会成员拥有更多的社会资本,因为他们可以快速地接触到及时信息、多样化的思想,有帮助的关键工具资源、政治资源和关系资源等(Oh and Chung,2006)。企业董事会外部董事的链接网络是董事会社会资本的主要来源(Hillman and Dalziel,2003)。因此,企业通过董事会社会资本能够获得重要外部资源,减少企业国际化运营过程中的不确定性和风险,进而提升企业的国际化程度。

1. 董事会中连锁董事的比例与企业国际化战略

企业国际化扩张是一个复杂、充满不确定性、高风险和高成本的过程,需要对东道国的市场进行详细的调研（George，Wiklund and Zahra，2005）。在这个过程中，企业缺乏对东道国市场的知识和信息，可能是企业国际化扩张的主要障碍之一（Fernandez and Nieto，2005）。董事会成员的连锁董事网络使得董事会能够与其他企业的董事会成员或高管建立联系，便于高质量的信息和知识的积累和沟通。

已有相关研究发现，董事会中担任连锁董事的成员能够使得董事会获得相关战略知识，从而为管理层战略决策提供支持服务。Carpenter 和 Westphal（2001）的研究发现，相比那些没有在其他企业担任董事的董事会成员，董事会中在其他相关的企业担任董事的成员能够做出更有效的战略决策。董事会拥有足够的资源（例如信息、知识和管理能力）能够克服企业国际化扩张过程中的外来者劣势问题（Hitt，Tihanyi and Miller et al.，2006）。Luo 和 Tung（2007）的研究提出企业董事会中拥有强网络的独立董事能够消除企业在东道国经营的外来者劣势问题。

综上所述，企业董事会成员的连锁董事网络能够提供战略知识，为企业高管实施国际化战略提供咨询和建议，能够减少企业在国际化运营过程中的风险和不确定性，进而提升企业的国际化程度。因此，本书提出如下假设。

H_{2a}：跨国公司董事会中连锁董事的比例与国际化程度呈正相关关系。

2. 董事会中具有政治关联的董事比例与企业国际化战略

董事会的政治关联是指董事会中至少有一个董事以前曾经在政府相关部门做过官员，如国家议会成员、部长，或者国有企业的官员或总经理等（Faccio，2006）。关于企业董事会政治关联的研究文献较多，主要探讨董事会政治关联与企业绩效（Fan，Wong and Zhang，2007；邓建平和曾勇，2009；邓新明，2011），企业并购与成长（潘红波、夏新平和余明桂，2008），高管薪酬和激励（刘慧龙、张敏和王亚平等，2010；Chizema，Liu and Lu et al.，2015）等的关系。而从资源依赖和资源基础视角，将董事会的政治关联视为一种社会资本,分析它对企业国际化战略的影响的研究较少。

根据 Hillman 和 Dalziel(2003)提出的董事会资本的概念,Lester、Hillman 和 Zardkoohi(2008)将董事会的政治关联视为一种社会资本。因此,本书将董事会的政治关联也作为一种社会资本,从资源依赖(Pfeffer and Salancik, 1978)和资源基础(Barney, 1991)角度,分析董事会的政治关联与企业国际化战略之间的关系。资源依赖的逻辑是政治关联借助与影响关键资源的外部组织建立关系,为企业减少对环境的依赖和不确定性(Hillman, Keim and Schuler, 2004; Lester, Hillman and Zardkoohi et al., 2008; Meznar and Nigh, 1995; Pfeffer, 1972a, 1972b)。而资源基础观的逻辑则不同,它的逻辑强调不但要与关键资源建立联系,使企业能够获取外部关键资源,减少对环境的依赖,而且强调企业如何充分利用这些关键资源(Barney, 1991; Eisenhardt and Martin, 2000)。因此,这两个理论视角能够很好地分析董事会社会资本与企业国际化战略的关系。

在进行跨国经营过程中,无论是中国的企业,还是其他国家的跨国公司都认识到了政府的重要作用,尤其是母国政府的支持对其国际化起到了很重要的作用(Lu, Liu and Wright et al., 2014; Zhou and Guillén, 2015)。母国政府的支持能够影响企业在充满不确定性和信息不对称的东道国市场承担风险的能力,也是它们在全球市场中竞争的强有力基础(Lu, Liu and Wright et al., 2014)。事实上,公司通过董事会的政治关联与母国政府建立的良好关系,是一种稀缺的资源(Faccio, 2006),对企业跨国经营很重要。资源依赖理论认为企业与外部环境,尤其是利益相关者组织建立关系,能够减少企业经营过程中面临的不确定性。而事实上,企业与政府(无论是母国政府,还是东道国政府)建立良好的关系,对企业的跨国经营都会有利。资源基础理论则认为企业要充分利用与政府相关的关键资源,开拓国际市场,提升企业的国际化绩效。总之,企业董事会的政治关联会影响到企业的国际化程度。因此,本书提出如下假设。

H_{2b}:跨国公司董事会中具有政治关联的董事比例与企业国际化程

度呈正相关关系。

因此，通过对以上假设进行归纳，得出本章的概念模型（如图 4-1 所示）。

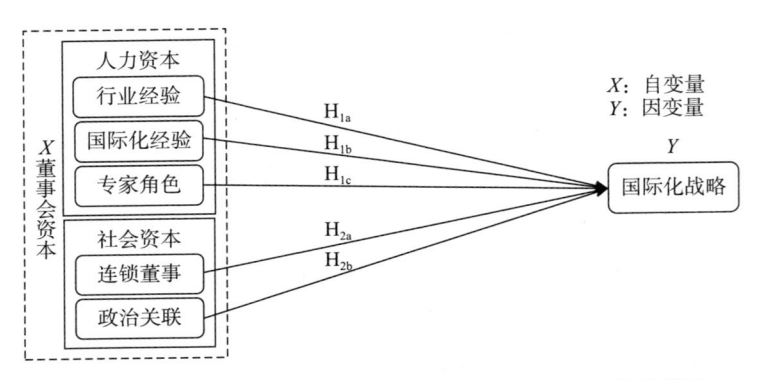

图 4-1 跨国公司董事会资本对其国际化战略影响的概念模型

第二节 董事会资本与国际化战略关系的研究设计

一 中国上市跨国公司的样本选择

为了验证假设，本章以沪深两市跨国公司（2014 年的数据）为样本。样本选择的标准：第一，剔除了金融行业的企业，因为金融行业有特殊的资产负债表，不符合本书研究目的；第二，样本企业在 2014 年至少有一家国外子公司，样本企业占国外子公司 20% 或更高的股权（Lu, Liu and Wright et al., 2014）；第三，在中国创建的企业，并且在境内两大证券交易所上市（沪深两大证券交易所）；第四，通过人工在样本企业年报中收集董事会成员任职经历数据，将董事会成员任职经历模糊，且通过企业网站或其他途径也收集不到相关数据的企业样本剔除；第五，剔除年报中 2014 年国外子公司营业收入和国外子公司资产数据不详的样本。

按照本书研究需要，符合条件的上市跨国公司有 222 家。样本企业的行业分布情况见表 4-1。

表 4-1 样本企业的行业分布

行业大类	数量（家）	占比（%）
畜牧业	4	1.80
采矿业	13	5.86
制造业	139	62.61
批发和零售业	9	4.05
交通运输业	10	4.50
软件和信息服务业	16	7.21
房地产	7	3.15
租赁和商业服务业	5	2.25
科学研究和技术服务业	4	1.80
卫生和社会工作	7	3.15
综合	8	3.60
总计	222	100.00

二 董事会资本与国际化战略的变量定义和测量

（一）因变量——国际化战略

关于企业国际化战略测量的早期研究主要关注国际多元化范围或程度，包括国外销售占总销售的比重、国外资产占总资产的比重，或者国外员工占所有员工的比重（Capar and Kotabe, 2003; Kwok and Reeb, 2000; Tallman and Li, 1996），而这些特殊的测量指标被指责无法度量国际多元化的异质性（Vachani, 1991）。另外一些研究者测量海外扩张的范围，反映的是跨国经营的地理分散性（Barkema and Vermeulen, 1998），考虑到国家之间的相似性，Hitt、Hoskisson 和 Kim（1997）使用熵作为代理变量测量企业跨越不同区域的多元化水平。

由于国际多元化的单一指标不能够完全反映国际化扩张范围，Sullivan（1994）提出从绩效（国外经营活动）、结构（现有的海外资源）和态度（高管层的国际化导向）三个维度度量国际化程度。他提出国际化程度

(Degree of Internationalization，以下简称 DOI）主要由国外子公司资产占总资产的比重、国外子公司数量占总的子公司数量的比例、高管层的国际化经验和国外子公司在世界 10 个区域内的分散性等构成。

分析以上学者关于国际化战略的度量，发现他们主要从两个不同的角度进行：第一，度量国际化的深度，指企业对国外市场中某个特定国家或区域的资源投入多少；第二，度量国际化的广度，指企业国外运营介入的国家或区域的范围（Hitt, Tihanyi and Miller et al., 2006）。杨忠和张骁（2009）结合以往学者的研究，使用国外主营业务收入占总收入的比重、国外子公司资产占总资产的比重、国外子公司员工数量占总员工数量的比重以及国外分支机构占跨国公司总机构的比重测度国际化深度；使用跨国公司国际化运营所覆盖的国家多少以及东道国与跨国公司母国的心理距离大小测量国际化广度。

综合以上学者对跨国公司国际化战略的测量研究，本书同时采用国际化深度和国际化广度两个指标度量企业的国际化程度，具体的指标如下：

$$Y_{DOI} = Depth \times 50\% + Breadth \times 50\% \qquad (4-1)$$

其中，Y_{DOI} 表示企业的国际化程度，$Depth$ 表示国际化深度，$Breadth$ 表示国际化广度。

本书基于数据的可获取性，借鉴杨忠和张骁（2009）以及邓新明（2011）提出的国际化程度度量指标，使用国外子公司主营业务收入占总营业收入的比重（FSTS）与国外子公司资产占总资产的比重（FATA）测量企业国际化深度（两个指标分别取权重 50%）。同时，通过离差标准化的处理方式消除量纲的影响。

另外，国际化广度的测度应用企业国际化运营所涉及的国家数和企业经营所在的东道国与母国的心理距离两个指标（两个指标分别取权重 50%）。其中，指标"国家数"是绝对数，进行了数据归一化和离差处理，消除量纲的影响。由于心理距离与地理距离有一定的关系，对心理距离的测量，可以通过计算中国与各个东道国六个文化维度之间的欧几里得距离计算得到。根据 Hansen 和 Løvås（2004）的处理方法，本书依据 Hofstede、Hofstede 和 Minkov（2010）最新提出的测量国家文化差异的六个维度①计算中国和东道国之间的欧几里得距离（Euclidean Distance），计算公式如下：

$$CD_j = \sqrt{\sum_{i=1}^{n=6} (I_{ij} - I_{ic})^2 / V_i} \qquad (4-2)$$

其中，CD_j 表示东道国 j 与中国的文化距离；I_{ij} 表示第 j 国家第 i 个文化维度的指数；I_{ic} 表示中国第 i 个文化维度的指数，c 表示中国；V_i 表示第 i 个文化维度的方差，n 取值从 1 到 6，表示六个文化维度。

（二）自变量

1. 董事会人力资本

本书将跨国公司董事会的人力资本界定为能够影响企业战略决策的董事会成员的知识、经验、技能和个性特征（Hillman and Dalziel, 2003; Ployhart and Moliterno, 2011; Johnson, Schnatterly and Hill, 2013）。考虑数据的可获取性，本书应用董事会中具有行业经验、国际化经验和专家角色的董事比例三个指标，测量董事会成员的知识、经验和技能，即董事会的人力资本。

根据 Barroso、Villegas 和 Pérez-Calero（2011）的研究，为了测量董事会成员的行业经验，笔者收集了有国外子公司的中国沪深两地上市企业年报中每个董事会成员的工作经历信息（主要收集当前的工作职位和最少三个以前的工作职位）。基于这些信息，对样本企业董事会成员行业经验的程度进行编码。如果董事会成员在企业所在行业拥有超过两个职位，认为该董事会成员具有较高的行业经验；如果该董事会成员在企业所在的行业拥有一个职位，或者没有职位，则视为该董事会成员具有较低的行业经验或者不具有行业经验。和以前的研究一致（Kroll, Walters and Wright, 2008; Tian, Haleblian and Rajagopalan, 2011; Chen, Hsu and Chang, 2016），董事会成员的行业经验使用拥有较高样本企业所在行业的经验的董事会成员

---

① Hofstede 等在 2001 年提出计算国家之间的文化差异的五个维度，即权力距离（Power Distance）、个人主义（Individualism）、阳刚之气（Masculinity）、避免不确定性（Uncertainty Avoidance）、长期目标导向（Long Term Orientation），而在 2010 年 Hofstede 等又将嗜好（Indulgence）这个维度添加进去，变成了六个维度。

所占的比例来测量，该比例越高，企业董事会的行业经验越丰富。

根据 Herrmann 和 Datta（2005）以及 Tihanyi、Ellstrand 和 Daily 等（2000），本书使用董事会成员中具有国外教育背景、具有国外工作经验的董事或外籍董事的比例测量董事会的国际化经验，该比例越高，则企业董事会的国际化经验越丰富。具体测量指标为外籍董事比例、具有一年以上海外学习经历的董事的比例、具有一年以上海外工作经历的董事的比例的平均值。

根据 Hillman、Cannella 和 Paetzold（2000）对董事会专家角色的界定，将董事会成员的专家角色（这里主要指外部董事的专家角色）分为经营专家、支持专家和团体影响力专家。为了避免与其他变量重复，在测量董事会外部董事的专家角色时，主要指外部董事的支持专家和团体影响力专家。支持专家，主要指律师、银行家、金融投资专家、保险公司或公关公司等中介机构的专家；影响力专家，主要指学者，剔除政府官员和社会团体组织的领导人等。以这两类专家所占的比例测量董事会专家角色。

2. 董事会社会资本

本书将跨国公司董事会的社会资本界定为能够影响国际化战略决策的嵌入在董事会成员所拥有的关系网络中实际的和潜在的资源（Hillman and Dalziel, 2003; Nahapiet and Ghoshal, 1998; Tian, Haleblian and Rajagopalan, 2011）。考虑数据的可获取性，根据 Lester、Hillman 和 Zardkoohi（2008）将董事会中董事会成员的政治关联视为一种社会资本，本书采用董事会成员中连锁董事和政治关联两个指标度量董事会的社会资本。

根据 Ortiz-De-Mandojana、Aragón-Correa 和 Delgado-Ceballos 等（2012）对董事会连锁董事指标的测量方法，使用董事会中担任其他企业连锁董事的成员的数量。因为它能够捕捉到给企业带来的信息资源来源（Haunschild and Beckman, 1998）。另外，本书考虑董事会成员中内部董事和外部董事担任连锁董事的数量。每个企业连锁董事成员的数量除以董事会规模得到董事会中担任连锁董事成员的比例。

根据 Faccio（2006）以及 Fan、Wong 和 Zhang（2007）对董事会政治关联的测量方法，本书考量董事会中各个董事会成员是不是人大代表、政协委员或者是否曾在工商联、青联、妇联等政府机关担任领导岗位,具体测量指标为董事会中曾在政府机关担任领导的董事比例。如果董事会中没有任何董事曾在政府机关担任领导岗位,则这一值为 0,即该董事会不具有政治关联。

(三) 控制变量

基于以前的学者关于国际化战略的研究,需要控制的变量有以下 9 个。

第一,企业绩效,使用净资产收益率(ROE)测量企业绩效(Tihanyi, Ellstrand and Daily et al., 2000; Tihanyi, Johnson and Hoskisson et al., 2003)。企业绩效会影响跨国公司进入国外市场的能力(Tihanyi, Ellstrand and Daily et al., 2000)。

第二,企业成立时间。相关研究表明企业成立的时间可能影响企业收集跨国经营信息的能力,也可能影响企业建立基础设施进行国际化的能力(Zahra, 2003)。使用企业已经成立的年份取自然对数($\ln Age$),具体计算公式为:

$$\ln Age = \ln(T_i - T_0 + 1) \qquad (4-3)$$

其中,T_0 为企业成立年份,T_i 为样本的年份。

第三,企业规模。相关研究表明规模越大的企业拥有更多的人力和资源投入企业国际化运营活动中,影响企业国际化战略(Tihanyi, Ellstrand and Daily et al., 2000)。使用跨国公司总资产度量跨国公司的规模,并做相应的取自然对数处理。

第四,企业资产负债率。相关研究表明,国际化战略需要金融支持,这就表明企业需要具备基本的金融条件(Chen, Huang and Chen, 2009)。本书采用企业总负债与总资产的比例测量资产负债率。

第五,企业研发支出。以往的研究发现,研发密集度和国际化扩张相关(Herrmann and Datta, 2005),因此需要控制研发。本书采用研发支出与总资产的比例测量研发支出。

第六,企业产品多元化。产品多元化与国际化的关系一直是学者比较关心的问题,相关研究表明,产品多元化与国际化存在相互替代(Sambharya, 1996)或者互补的关系(Kim, Hwang and Burgers, 1993)。本书主要采用熵指数（Entropy Index，EI）度量产品多元化程度，计算公式如下：

$$EI = \sum_{i=1}^{n} P_i \ln(1/p_i) \qquad (4-4)$$

其中，P_i 为行业 i 收入占主营业务收入的比重，n 为采用三位行业代码所计算的企业业务数，指数越高，则表示企业的多元化程度越高。

第七，企业高管层持股。以往的研究发现高管层持股会影响高管的风险偏好和激励，进而影响企业国际化投资决策（Chen，2011；Musteen，Datta and Herrmann，2009；Alessandri and Seth，2014），本书使用管理层（不包括 CEO）持有的股权比例测量高管层持股。

第八，企业所有权性质。所有权性质影响企业实施国际化战略的行为，因此需要控制企业所有权的性质。

综上所述，本章涉及的变量及其描述如表 4-2 所示。

表 4-2　跨国公司董事会资本对其国际化战略影响研究的变量描述

变量类型	变量名称	变量含义及计算方法
因变量	Y_{DOI}	国际化程度 Y_{DOI} = Depth × 50% + Breadth × 50%；其中，Depth = 50% × FATA + 50% × FSTS，Breadth = Num（东道国国家数）× 50% + CD_j × 50%
自变量	X_{hcide}	行业经验：董事会成员中拥有丰富行业经验的成员所占的比例
	X_{hcine}	国际化经验：外籍董事比例、具有一年以上海外学习经历的董事比例和具有一年以上海外工作经历的董事比例的平均值
	X_{hcexr}	专家角色：外部董事中是律师、银行家、金融投资专家、保险公司或公共关系专家和学者的成员所占比例
	X_{scdil}	连锁董事：董事会成员中内部董事和外部董事担任其他企业连锁董事的比例
	X_{scpct}	政治关联：董事会中具有政治背景，具体指是人大、政协委员或者曾在政府相关部门（工商联、青联、妇联等）任职的董事比例
控制变量	C_{roe}	企业绩效：净资产收益率（ROE）
	C_{age}	企业成立时间：企业已经成立的年份数取自然对数（lnAge）
	C_{size}	企业规模：对企业总资产取自然对数（lnAssets）

续表

变量类型	变量名称	变量含义及计算方法
控制变量	C_{lev}	企业资产负债率：总负债与总资产的比例
	C_{rd}	企业研发支出：研发支出与总资产的比例
	C_{ei}	企业产品多元化：熵指数
	C_{mso}	企业高管层持股：管理层（不包括CEO）持有的股权比例
	C_{os}	企业所有权性质：将所有权性质分为国有控股和非国有控股两类，通过设置虚拟变量测量，国有控股企业为1，非国有控股企业为0

第三节 董事会资本与国际化战略关系的实证结果分析

一 方法与模型

为了验证本书的假设，建立以下回归模型：

$$\operatorname{reg}(Y_{DOI}) = \varnothing_0 + \varnothing_1 C_{roe} + \varnothing_2 C_{age} + \varnothing_3 C_{size} + \varnothing_4 C_{lev} + \varnothing_5 C_{rd} + \varnothing_6 C_{ei} + \varnothing_7 C_{mso} + \varnothing_8 C_{os} + \varepsilon_0 \quad (4-5)$$

$$\operatorname{reg}(Y_{DOI}) = \gamma_0 + \gamma_1 X_{hcine} + \gamma_2 X_{hcide} + \gamma_3 X_{hcexr} + \gamma_4 C_{roe} + \gamma_5 C_{age} + \gamma_6 C_{size} + \gamma_7 C_{lev} + \gamma_8 C_{rd} + \gamma_9 C_{ei} + \gamma_{10} C_{mso} + \gamma_{11} C_{os} + \varepsilon_1 \quad (4-6)$$

$$\operatorname{reg}(Y_{DOI}) = \delta_0 + \delta_1 X_{scdil} + \delta_2 X_{scpct} + \delta_3 C_{roe} + \delta_4 C_{age} + \delta_5 C_{size} + \delta_6 C_{lev} + \delta_7 C_{rd} + \delta_8 C_{ei} + \delta_9 C_{mso} + \delta_{10} C_{os} + \varepsilon_3 \quad (4-7)$$

$$\operatorname{reg}(Y_{DOI}) = \varphi_0 + \varphi_1 X_{hcine} + \varphi_2 X_{hcide} + \varphi_3 X_{hcexr} + \varphi_4 X_{scdil} + \varphi_5 X_{scpct} + \varphi_6 C_{roe} + \varphi_7 C_{age} + \varphi_8 C_{size} + \varphi_9 C_{lev} + \varphi_{10} C_{rd} + \varphi_{11} C_{ei} + \varphi_{12} C_{mso} + \varphi_{13} C_{os} + \varepsilon_5 \quad (4-8)$$

二 描述性统计

表4-3展示了各个变量的均值、标准差、分位数、最大值、最小值和VIF（Variance Inflation Factor）值。其中，各个变量的VIF值均小于2，在可接受的范围之内，说明自变量之间不存在多重共线性问题。如表4-4所

示，自变量和因变量之间存在相关性，满足多元回归分析的条件。另外，通过观测回归模型的散点图，发现呈无序均匀分布状态，从而表明本章研究的模型不存在异方差性。

表4-3 跨国公司董事会资本对其国际化战略影响研究变量的基本统计量

变量	均值	标准差	p5	p25	p50	p75	p95	最小值	最大值	VIF 值
Y_{DOI}	0.234	0.115	0.05	0.163	0.227	0.299	0.473	0	0.598	—
X_{hcine}	0.155	0.259	0	0	0.091	0.25	0.556	0	2	1.12
X_{hcide}	0.395	0.185	0.111	0.286	0.375	0.5	0.667	0	0.889	1.14
X_{hcexr}	0.261	0.132	0	0.182	0.273	0.333	0.444	0	0.8	1.14
X_{scdil}	0.444	0.249	0	0.286	0.429	0.6	0.889	0	1	1.14
X_{scpct}	0.081	0.122	0	0	0	0.125	0.333	0	0.714	1.11
C_{roe}	0.07	0.113	-0.01	0.026	0.063	0.119	0.237	-0.79	0.358	1.14
C_{age}	18.094	8.264	9	14	17	20	31	6	61	1.26
C_{size}	4.423	0.958	2.485	4.025	4.718	5.124	5.357	0	5.407	1.09
C_{lev}	0.408	0.195	0.099	0.241	0.405	0.551	0.711	0.021	0.937	1.26
C_{rd}	0.04	0.049	0	0.014	0.033	0.047	0.1	0	0.417	1.10
C_{ei}	0.326	0.41	0	0	0.085	0.622	1.14	0	1.544	1.10
C_{mso}	0.003	0.007	0	0	0	0.003	0.017	0	0.047	1.15
C_{os}	0.085	0.169	0	0	0	0.049	0.48	0	0.837	1.23

资料来源：根据 Stata 统计软件计算结果整理。

三 假设检验

（一）控制变量的影响分析

如表4-5所示，模型1（M1）只将控制变量放到回归模型中，直接估计控制变量与因变量之间的关系。从回归估计结果可知，C_{size} 与因变量 Y_{DOI} 呈正相关关系，表明跨国公司规模正向影响国际化程度；C_{rd} 与因变量 Y_{DOI} 呈负相关关系，表明跨国公司的研发投入负向影响国际化程度；C_{os} 与因变量 Y_{DOI} 呈负相关关系，表明国有控股负向影响国际化程度。

表 4-4 跨国公司董事会资本对其国际化战略影响研究变量之间的相关系数

变量	Y_{DOI}	X_{hcine}	X_{hcide}	X_{hcexr}	X_{scdil}	X_{scpct}	C_{roe}	C_{age}	C_{size}	C_{lev}	C_{rd}	C_{ei}	C_{mso}	C_{os}
Y_{DOI}	1													
X_{hcine}	0.096	1												
X_{hcide}	0.147*	-0.055	1											
X_{hcexr}	0.057	0.016	-0.375***	1										
X_{scdil}	0.230**	0.190*	0.138	0.154	1									
X_{scpct}	0.068	0.209**	-0.241**	0.109	0.177	1								
C_{roe}	0.018	0.146	-0.024	0.05	0.062	0.021	1							
C_{age}	-0.056	-0.31***	0.097	-0.082	-0.088	-0.047	-0.111	1						
C_{size}	0.180*	0.016	0.035	0.079	-0.128	-0.078	0.016	-0.063	1					
C_{lev}	0.027	-0.121	0.026	-0.078	0.019	0.011	-0.35***	0.234**	-0.22**	1				
C_{rd}	-0.131	0.39***	-0.013	0.008	0.006	-0.039	0.227**	-0.229**	-0.009	-0.20*	1			
C_{ei}	-0.036	0.040	0.032	0.021	-0.027	0.081	0.038	0.027	0.190*	-0.005	-0.034	1		
C_{mso}	-0.270	0.087	0.001	0.101	0.058	0.065	0.177	-0.28***	-0.058	-0.33***	-0.018	-0.038	1	
C_{os}	-0.079	-0.222**	-0.057	-0.051	0.008	-0.022	-0.038	0.31***	0.139	0.237	-0.091	0.044	-0.113	1

注：*、**和***分别表示在10%、5%和1%的水平上显著。

表 4-5 跨国公司董事会人力资本对其国际化战略影响的回归估计结果

变量	国际化程度（Y_{DOI}）			国际化深度（Depth）		国际化广度（Breadth）	
	M1	M2		M3		M4	
		国有	非国有	国有	非国有	国有	非国有
C_{roe}	0.049	-0.048	0.064	-0.313	0.115	0.217	0.014
C_{age}	-0.026	-0.058	0.013	-0.037	0.067	-0.079*	-0.042
C_{size}	0.078*	0.096	0.006	0.077	0.014	0.115	-0.002
C_{lev}	0.016	0.015	0.055	0.013	0.011	0.026	0.145*
C_{rd}	-0.142*	-0.062	-0.176**	-0294	-0.194	0.159	-0.121
C_{ei}	-0.045	0.032	-0.093**	0.009	-0.112***	0.009	-0.074
C_{mso}	-0.073	-0.065	-0.073	-0.099	-0.061	-0.03	-0.085
C_{os}	-0.038*						
X_{hcide}		-0.028	**0.093****	-0.041	0.066	-0.015	0.119
X_{hcine}		-0.001	**0.030***	**0.194****	0.046	**-0.195***	0.013
X_{hcexr}		0.025	0.086	-0.061	0.023	0.111	0.150
Constant	0.219**	0.339	0.091	0.323	-0.204	0.355	0.386*
Industry	yes	yes	yes	yes	yes	yes	yes
R^2	0.216	0.288	0.266	0.328	0.216	0.273	0.200
$A-R^2$	0.143	0.091	0.162	0.142	0.105	0.071	0.087
N（个）	222	84	138	84	138	84	138
F 值	2.936	1.463	2.562	1.763	1.947	1.354	1.766

注：***、**、* 分别表示双尾 t 检验值在1%、5%和10%的水平上显著。

根据控制变量 C_{os} 对因变量有显著影响，可知国有跨国公司与非国有跨国公司的对外投资行为存在明显的差别。因此，本书在此根据是否国有控股企业对研究样本分组，即国有跨国公司样本和非国有跨国公司样本，并进行了分组回归，以讨论国有跨国公司与非国有跨国公司董事会人力资本、社会资本对因变量国际化程度、国际化深度和国际化广度的影响。

（二）国有跨国公司董事会人力资本对其国际化战略影响的验证

模型 2（M2）展示了国有跨国公司与非国有跨国公司董事会人力资本对国际化程度 Y_{DOI} 的影响。回归估计结果显示，国有跨国公司董事会的人力资本对国际化程度 Y_{DOI} 并没有显著的影响。

进一步的，分别以国际化深度和国际化广度为因变量，基于模型 2 做回归估计。表 4-5 最后四列显示，国有跨国公司董事会中具有国际化经验的董事比例正向影响国际化的深度（系数为 0.194，在 5% 的水平上显著），而负向影响国际化广度（系数为 -0.195，在 10% 的水平上显著）。

（三）非国有跨国公司董事会人力资本对其国际化战略影响的验证

回归估计结果显示，自变量 X_{hcide}（系数为 0.093，在 5% 的水平上显著）和自变量 X_{hcine}（系数为 0.030，在 10% 的水平上显著）与因变量国际化程度 Y_{DOI} 显著正相关，表明非国有跨国公司董事会中具有行业经验和国际化经验的董事比例正向影响企业的国际化程度，部分验证了 H_{1a} 和 H_{1b}。进一步回归估计非国有跨国公司董事会人力资本分别对企业国际化深度和国际化广度的影响，结果不显著。

（四）国有跨国公司董事会社会资本对其国际化战略影响的验证

表 4-6 所示回归估计结果显示，自变量 X_{scdil}（系数为 0.102，在 5% 的水平上显著）和自变量 X_{scpct}（系数为 0.042，在 10% 的水平上显著）与因变量国际化程度 Y_{DOI} 显著正相关，表明国有跨国公司董事会中连锁董事的比例和具有政治关联的董事比例影响企业的国际化程度，部分验证了 H_{2a} 和 H_{2b}。

表 4-6 跨国公司董事会社会资本对其国际化战略影响的回归估计结果

变量	国际化程度（Y_{DOI}） M1	国际化程度（Y_{DOI}） M2 国有	国际化程度（Y_{DOI}） M2 非国有	国际化深度（Depth） M3 国有	国际化深度（Depth） M3 非国有	国际化广度（Breadth） M4 国有	国际化广度（Breadth） M4 非国有
C_{roe}	0.049	-0.070	0.091	-0.339*	0.145	0.20	0.037
C_{age}	-0.026	-0.068**	0.017	-0.077*	0.069	-0.06	-0.034
C_{size}	0.078*	0.072	0.031	0.013	0.034	0.13	0.029
C_{lev}	0.016	0.026	0.048	0.025	0.007	0.03	0.088
C_{rd}	-0.142*	-0.045	-0.128	-0.175	-0.141	0.08	-0.115
C_{ei}	-0.045	0.024	-0.050	0.053	-0.051	-0.01	-0.049
C_{mso}	-0.073	-0.079	-0.030	-0.162	-0.036	0.00	-0.024
C_{os}	-0.038*						

续表

变量	国际化程度（Y_{DOI}）			国际化深度（Depth）		国际化广度（Breadth）	
	M1	M2		M3		M4	
		国有	非国有	国有	非国有	国有	非国有
X_{scdil}		**0.102****	**0.012***	**0.126****	0.035	−0.24	−0.011
X_{scpct}		**0.041***	0.038	**0.061***	0.098	−0.02	0.023
Constant	0.219**	0.425**	0.129	0.568**	−0.172	0.28	0.430**
industry	yes	yes	yes	yes	yes	yes	yes
R^2	0.216	0.302	0.240	0.305	0.211	0.222	0.170
$A-R^2$	0.143	0.122	0.139	0.127	0.107	0.022	0.061
N（个）	222	84	138	84	138	84.00	138
F值	2.936	1.680	2.386	1.707	2.021	1.108	1.552

注：***、**、*分别表示双尾 t 检验值在 1%、5% 和 10% 的水平上统计显著。

进一步的，分别以国际化深度和国际化广度为因变量做回归估计。回归估计结果显示，自变量 X_{scdil}（系数为 0.126，在 5% 的水平上显著）和自变量 X_{scpct}（系数为 0.061，在 10% 的水平上显著）与国际化深度显著正相关，表明国有跨国公司董事会中连锁董事的比例和具有政治关联的董事比例影响企业国际化深度。而与国际化广度的相关关系不显著，表明国有跨国公司董事会中连锁董事的比例和具有政治关联的董事比例对企业国际化广度的影响不显著。

总结以上分析，国有跨国公司董事会成员担任连锁董事和具有政治关联不仅正向影响企业国际化程度，还影响企业国际化的深度。

（五）非国有跨国公司董事会社会资本对其国际化战略影响的验证

表 4-6 中第 4 列的回归估计结果显示，变量 X_{scdil} 的系数为 0.012，且在 10% 的水平上显著，表明非国有跨国公司董事会中连锁董事的比例正向影响企业的国际化程度，部分验证了 H_{2a}。同时，也可以看出，非国有跨国公司董事会中连锁董事的比例和具有政治关联的董事比例对企业国际化深度和广度的影响不显著。

（六）稳健性检验

本章采用 D-W（Durbin-Watson）数值对变量的自相关性进行检验，值均在 1.75~2.25，表明不存在显著的自相关性。此外，采用残差散点图分析和 White 检验，分析模型是否存在异方差问题，发现回归模型中的残差散点图不存在明显的规律，说明回归模型不存在异方差问题；而 White 检验的结果同样发现模型不存在异方差问题。

此外，对于原有的 222 家样本，选取其中一半的数据对原有的假设进行重新验证，得到的结论与原来的研究结论基本一致。因此，本章研究结论的稳健性较强。

（七）实证检验结果总结

综上所述，本章实证检验结果如图 4-2 所示。

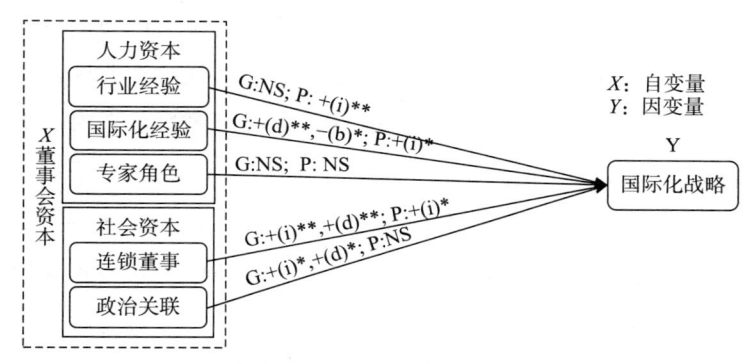

图 4-2 跨国公司董事会资本对其国际化战略影响的实证检验结果

注：G 表示国有跨国公司样本，P 表示非国有跨国公司样本，NS 表示不显著，+ 表示正相关，- 表示负相关，* 表示 P 值 <0.1，** 表示 P 值 <0.05，*** 表示 P 值 <0.01，i 表示国际化程度 Y_{DOI}，d 表示国际化深度 $Depth$，b 表示国际化广度 $Breath$。

第四节　董事会资本与企业国际化战略关系的研究结论和管理建议

一　研究结论

现有的企业治理文献强调董事会倾向于对企业的决策进行控制，并没有充分考虑企业董事会成员是否有足够的能力对企业的战略决策，尤其是国际化战略决策进行有效的监督。为了衡量董事会治理的有效性，本章从资源依赖角度，应用董事会资本测量跨国公司董事会的资源提供能力。具体而言，本章探讨了跨国公司董事会人力资本和社会资本对企业国际化战略的影响，以期为跨国公司进一步优化和调整董事会结构提供有益的建议。

研究结果表明我国国有跨国公司与非国有跨国公司由于具备的董事会资本存在明显的差异，因此董事会资本对它们的国际化战略的影响存在明显的差别。

（1）国有跨国公司董事会人力资本对国际化战略的影响。本章研究的结果显示，国有跨国公司董事会人力资本中董事会成员的行业经验对企业国际化程度没有显著影响；而其董事会人力资本中董事会成员的国际化经验对企业国际化深度，即向特定国家或区域的资源投入程度有显著的正向影响，而对企业国际化广度，即涉及的国家或区域的广泛程度有显著的负向影响；其董事会人力资本中董事会成员的专家角色对企业国际化程度没有影响。以上研究表明国有跨国公司董事会作为资源提供者对企业国际化战略的影响不显著。

（2）国有跨国公司董事会社会资本对国际化战略的影响。国有跨国公司董事会社会资本正向影响企业国际化程度，并且正向影响企业向国外市场中某个特定国家或区域的资源投入程度。研究结果表明，国有跨国公司通过国有带来的政治关联和连锁董事网络对其国际化战略产生正向影响。国有跨国公司基于其国有属性通常能够享受国家出台的一系列对外投资政策的支持，因此国有属性对其国际化战略产生了积极影响。这与 Faccio（2006）以及 Fan、Wong 和 Zhang（2007）等将董事会政治关联作为一种资源的研究结论一致。

（3）非国有跨国公司董事会人力资本、社会资本对国际化战略的影响。实证研究结果表明，非国有跨国公司董事会人力资本中董事会成员的行业经验和国际化经验正向影响企业国际化程度，而且其董事会社会资本中董事会成员的连锁董事网络也正向影响企业国际化程度。这与 Hillman 和 Dalziel（2003）以及 Tian、Haleblian 和 Rajagopalan（2011）的研究观点一致。然而，非国有跨国公司董事会成员，主要是独立董事成员的专家角色对企业国际化程度的影响不显著，表明董事会中具有专家（例如律师、金融机构投行专家或者大学教授等）角色的独立董事对企业国际化战略的影响不明显，没有发挥他们应有的作用。

二 管理建议

对于企业的决策层而言，理解董事会人力资本和社会资本能够为企业提供战略建议和所需要的足够资源以实现成功的国际化非常重要。因此，本章对正在进行国际化的企业，提出三条管理建议。

首先，对于非国有跨国公司，建议企业在组建董事会时，应当关注董事会成员是否具有行业经验、国际化经验和担任连锁董事。因为具有行业经验的董事会成员更能把握行业发展的趋势，能够快速识别行业的发展机会和约束；具有国际化经验的董事，能更好地洞察国际市场，帮助企业克服在东道国面临的外来者劣势问题，消除外部经营环境的不确定性；担任连锁董事的董事会成员能够及时掌握企业在国际化运营过程中所需要的信息和关键资源。

其次，国有跨国公司在组建其董事会时，应适当聘任具有具体行业经验和国际化经验的独立董事，这对其国际化战略的实施具有重要作用。同时，加强董事会对国有企业战略制定的监督、控制和资源提供职能，发挥董事会作为一种治理机制应有的作用。

最后，无论是国有跨国公司，还是非国有跨国公司，董事会的构成都应当与其国际化战略的实施匹配。企业在国际化的过程中，应当形成与其国际化战略匹配的董事会结构，如此才能充分发挥董事会治理的有效性，尤其是发挥针对企业国际化战略的监督控制、资源提供和咨询建议职能。

第五章

跨国公司董事会资本、CEO 权力与国际化战略

第四章主要分析了跨国公司董事会人力资本和社会资本对其国际化战略的直接影响,从代理理论和资源依赖理论角度,论证了董事会治理的有效性。本章将进一步探讨跨国公司 CEO 权力对董事会资本与企业国际化战略之间关系的调节效应。

第一节 跨国公司董事会资本、CEO 权力与国际化战略相关研究假设

一 跨国公司董事会人力资本、CEO 权力与国际化战略

本章使用跨国公司董事会成员的行业经验、国际化经验和专家角色作为董事会人力资本的代理变量。以下主要探讨 CEO 权力,董事会成员的行业经验、国际化经验和专家角色与国际化战略的关系。

代理理论文献分析了权力在企业治理中的作用,指出权力是影响其他人的能力(Yukl,2008)。基于代理理论,有学者将 CEO 权力界定为 CEO 利用股权或 CEO 位置达到自己所追求的目标的潜在可能性(Combs,Ketchen and Perryman et al.,2007)。当企业的 CEO 权力不受外部董事的监督时,CEO 更可能采取自私的行动,减少股东的财富(Dunn,2004;Frankforter,Berman and Jones,2000)。从代理理论角度而言,董事会中的外部董事能够

更好地保护股东的利益。而同与 CEO 关系密切的内部董事相比，外部董事可能更少依赖 CEO，能够监督 CEO 的行为，保护股东的利益。因此，根据代理理论的逻辑，CEO 权力可能是影响董事会治理有效性的一个重要因素。

现有 CEO 权力相关的研究文献发现，CEO 权力的来源主要有：个人威望和社会地位（Finkelstein，1992）、拥有的股权、兼任董事长（Daily and Dalton，1994）、影响董事会成员的选择（Westphal and Zajac，1995）和进行讨好和游说董事会的行为（Westphal，1998）。尽管现有 CEO 权力的研究发现权力较大的 CEO 也有很多积极的方面，如清晰的授权、更快的战略响应、更关注外部责任（Cannella and Monroe，1997；Finkelstein and D'aveni，1994），但是代理理论仍然认为当股东利益与经理人利益不一致时，CEO 权力过大会损害股东的利益（Frankforter，Berman and Jones，2000）。有效的董事会监督有助于避免 CEO 权力的滥用，确保 CEO 权力能够使企业受益（Finkelstein and D'aveni，1994）。

Hillman 和 Dalziel（2003）的研究认为，董事会不仅仅对企业的战略决策具有监督和控制职能，更为重要的是董事会能为企业的 CEO 及其高管团队的战略决策提供资源和建议。同样，Kroll、Walters 和 Wright（2008）的研究发现，外部董事的行业经验对企业并购战略决策有帮助。而 Kor 和 Sundaramurty（2009）也发现在行业中有一定地位的、具有丰富经验的董事会成员能够为企业国际化扩张提供资源。

基于以上分析，本书提出如下假设。

H_{1a}：CEO 权力负向调节跨国公司董事会成员的行业经验与国际化战略之间的关系，即当 CEO 权力较大时，跨国公司董事会中具有行业经验的董事比例对国际化程度的影响较弱。

国内外很多学者探讨了跨国公司董事会成员的国际化经验对企业国际化战略的正向影响。Herrmann 和 Datta（2005）将董事会成员的国际化经验界定为董事会成员中具有外籍董事、有在跨国公司的分支机构工作或者在国外接受过教育。Oxelheim、Gregorič 和 Randøy 等（2013）的研究发现，董事会成员中有外籍董事能够帮助企业进行国际化扩张；而 Lai、Chen 和 Chang（2012）的研究也发现，具有国际化经验的董事对企业国际化战略决策提供了有效的监督和建议；周建、尹翠芳和陈素蓉（2013）也发现，董事会的国际化经验与企业国际化程度正相关。

根据代理理论的逻辑，CEO 权力过大可能会弱化董事会对其决策的监督和建议职能，影响企业董事会成员参与企业国际化战略的决策。基于理论分析，本章提出如下假设。

H_{1b}：CEO 权力负向调节跨国公司董事会成员的国际化经验与国际化战略之间的关系，即当 CEO 权力较大时，跨国公司董事会中具有国际化经验的董事比例对国际化程度的影响较弱。

同样，根据代理理论的逻辑，CEO 权力会影响董事成员的专家角色对企业国际化战略的影响，因此，本章提出如下假设：

H_{1c}：CEO 权力负向调节跨国公司董事会成员的专家角色和国际化战略之间的关系，即当 CEO 权力较大时，跨国公司董事会中具有专家角色的董事比例对国际化程度的影响较弱。

二 跨国公司董事会社会资本、CEO 权力与国际化战略

本章使用跨国公司董事会成员担任连锁董事和具有政治关联作为董事会社会资本的代理变量。以下主要探讨 CEO 权力、董事会成员的连锁董事网络和政治关联与国际化战略的关系。

CEO 权力除了影响跨国公司董事会人力资本与国际化战略的关系之外，还会影响跨国公司董事会社会资本与国际化战略的关系。Kor 和 Sundaramurthy（2009）的研究发现，与外部群体有广泛联系的董事拥有更多的社会资本，能够及时获得信息、知识和关键资源。Tian、Haleblian 和 Rajagopalan（2011）的研究也发现，企业董事会中的外部董事与外部企业之间的强链接

有助于获得更高质量的信息，使得他们能够更好地监督企业的 CEO 决策，并为之提供决策建议。当董事会成员中外部董事担任其他企业的连锁董事时，就产生了社会资本（Chen，2013；Dalziel，Gentry and Bowerman，2011）。董事会成员中的连锁董事带来的信息、知识和管理能力能够克服企业国际化扩张中的外来者劣势，是国际化扩张成功的关键因素之一。

然而，根据代理理论观点，企业的 CEO 权力较大，通常会弱化董事会对国际化战略决策的监督和建议职能。因此，在 CEO 权力较大的跨国公司，董事会成员的连锁董事网络所带来的信息、知识和管理能力等资源对国际化战略的影响较弱。综合以上分析，本书提出如下假设。

H_{2a}：CEO 权力负向调节跨国公司董事会社会资本中董事会成员的连锁董事网络和国际化战略之间的关系，即当 CEO 权力较大时，跨国公司董事会中连锁董事的比例对国际化程度的影响较弱。

同样的，根据代理理论的逻辑，CEO 权力会降低董事会治理的有效性，减弱董事会成员的政治关联带来的资源对企业国际化战略的影响。因此，本书提出如下假设。

H_{2b}：CEO 权力负向调节跨国公司董事会成员的政治关联和国际化战略之间的关系，即当 CEO 权力较大时，跨国公司董事会中具有政治关联的董事比例对国际化程度的影响较弱。

三 跨国公司 CEO 权力与国际化战略

以上分析探讨了 CEO 权力对董事会的人力资本和社会资本与企业国际化战略关系的调节效应。董事会成员对企业战略的态度、偏好可能有差异。董事会除了提供监督和控制职能外，还为组织与外界环境建立联系提供服务。因为董事会成员的独立性和各种经验，外部董事（独立董事）比内部董事更可能质疑和挑战 CEO 提出的战略。而由于 CEO 参与内部董事的评价、薪酬和晋升，因此，内部董事更可能选择支持 CEO 提出的战略。所以，在董事会中有权力的 CEO（兼任董事长）可能会继续坚持自己提出的战略，而阻碍董事会成员提出建议和意见（Grossman and Cannella，2006）。

综上所述，本书提出 CEO 权力会直接影响企业国际化战略。当 CEO 权力较大时，董事会不能有效监督和控制 CEO 的国际化战略决策，无法保证 CEO 战略决策的科学性。所以 CEO 权力会负向影响企业的国际化战略。

基于以上分析，本书提出如下假设：

H_3：跨国公司的 CEO 权力与国际化程度呈负相关关系。

因此，根据本章研究假设，总结的概念模型如图 5-1 所示。

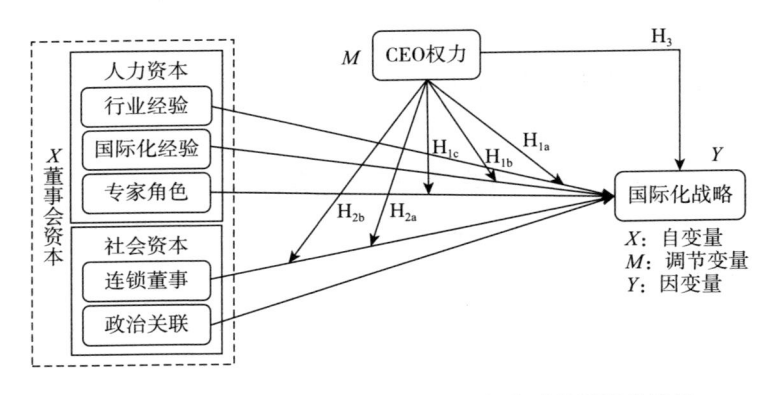

图 5-1 跨国公司董事会资本、CEO 权力对其国际化战略影响的概念模型

第二节 跨国公司董事会资本、CEO 权力对国际化战略影响的研究设计

一 中国上市跨国公司样本选择

为了验证假设，本章以中国上市企业中 2014 年所有对外投资的企业为样本。具体样本的描述，详见第四章第二节。

二 CEO 权力变量定义与测量

有关因变量国际化战略、自变量董事会人力资本和社会资本以及控制变量的定义与测量内容详见第四章第二节。有关 CEO 权力的定义与测量如下。

Finkelstein（1992）指出高级经理们（CEO）权力的重要基础是能够处理企业内部和外部的不确定性。重要的内部不确定性来源于其他的高级经理们和董事会成员，而外部不确定性的来源是企业的任务和制度环境。他将 CEO 的权力分为结构权力、所有权权力、专家权力和威望权力。Haynes 和 Hillman（2010）以 Finkelstein（1992）对 CEO 权力的测量为基础，应用 CEO 两职合一、CEO 的股权占董事会股权的比例、CEO 上任以后就任的董事会成员占董事会总成员的比例、外部董事数量占董事会总成员的比例测量 CEO 的结构权力和所有权权力。

权小锋和吴世农（2010）以 Finkelstein（1992）提出的 CEO 权力测量为基础，研究 CEO 权力强度与企业绩效之间的关系，应用 CEO 是否兼任董事长、CEO 任期、CEO 是否具有股权、机构投资者持有股权水平以及 CEO 在其他企业是否有兼职等测量 CEO 权力。

综合以上学者对 CEO 权力的度量，本章采用 CEO 任期、是否兼任董事长、持有的股权占董事会股权的比例、内部执行董事占董事会成员的比例，并对这四个指标数值进行标准化加总取平均值，以度量 CEO 的权力。

本章所有变量的描述见表 5-1。

表 5-1 跨国公司董事会资本、CEO 权力对其国际化战略影响研究的变量描述

变量类型	变量名称	变量含义及计算方法
因变量	Y_{DOI}	国际化程度 $Y_{DOI} = Depth \times 50\% + Breadth \times 50\%$；其中 $Depth = 50\% \times FATA + 50\% \times FSTS$，$Breadth = Num$（东道国国家数）$\times 50\% + CD_j \times 50\%$
自变量	X_{hcide}	行业经验：董事会成员中拥有丰富行业经验的成员所占的比例
	X_{hcine}	国际化经验：外籍董事比例、具有一年以上海外学习经历的董事比例和具有一年以上海外工作经历的董事比例的平均值

续表

变量类型	变量名称	变量含义及计算方法
自变量	X_{hcexr}	专家角色：外部董事中是律师、银行家、金融投资专家、保险公司或公共关系专家和学者的成员所占比例
	X_{scdil}	连锁董事：董事会成员中内部董事和外部董事担任其他企业连锁董事的比例
	X_{scpct}	政治关联：董事会中具有政治背景，具体指是人大、政协委员或者曾在政府相关部门（工商联、青联、妇联等）任职的董事比例
调节变量	M_{cpow}	CEO权力：对CEO任期、是否兼任董事长、持有的股权占董事会股权的比例、内部执行董事占董事会成员的比例进行标准化加总取平均值
控制变量	C_{roe}	企业绩效：净资产收益率（ROE）
	C_{age}	企业成立时间：企业已经成立的年份数取自然对数（lnAge）
	C_{size}	企业规模：对企业总资产取自然对数（lnAssets）
	C_{lev}	企业资产负债率：总负债与总资产的比例
	C_{rd}	企业研发支出：研发支出与总资产的比例
	C_{ei}	企业产品多元化：熵指数
	C_{mso}	企业高管层持股：管理层（不包括CEO）持有的股权比例
	C_{os}	企业所有权性质：将所有权性质分为国有控股和非国有控股两类，通过设置虚拟变量测量，国有控股企业为1，非国有控股企业为0

第三节 董事会资本、CEO权力与国际化战略关系的实证结果分析

一 实证分析方法与多元回归模型

为了验证本章的假设，建立以下回归模型：

$$\text{reg}(Y_{DOI}) = \emptyset_0 + \emptyset_1 C_{roe} + \emptyset_2 C_{age} + \emptyset_3 C_{size} + \emptyset_4 C_{lev} + \emptyset_5 C_{rd} + \emptyset_6 C_{ei} + \emptyset_7 C_{mso} + \emptyset_8 C_{os} + \varepsilon_0 \quad (5-1)$$

$$\text{reg}(Y_{DOI}) = \gamma_0 + \gamma_1 X_{hcide} + \gamma_2 X_{hcine} + \gamma_3 X_{hcexr} + \gamma_4 M_{cpow} + \gamma_5 C_{roe} + \gamma_6 C_{age} + \gamma_7 C_{size} + \gamma_8 C_{lev} + \gamma_9 C_{rd} + \gamma_{10} C_{ei} + \gamma_{11} C_{mso} + \gamma_{12} C_{os} + \varepsilon_1 \quad (5-2)$$

$$\text{reg}(Y_{DOI}) = \vartheta_0 + \vartheta_1 C_{roe} + \vartheta_2 C_{age} + \vartheta_3 C_{size} + \vartheta_4 C_{lev} + \vartheta_5 C_{rd} + \vartheta_6 C_{ei} +$$
$$\vartheta_7 C_{mso} + \vartheta_8 C_{os} + \vartheta_9 X_{hcide} + \vartheta_{10} X_{hcine} + \vartheta_{11} X_{hcexr} + \vartheta_{12} M_{cpow} +$$
$$\vartheta_{13} X_{hcide} \times M_{cpow} + \varepsilon_2 \qquad (5-3)$$

$$\text{reg}(Y_{DOI}) = \delta_0 + \delta_1 C_{roe} + \delta_2 C_{age} + \delta_3 C_{size} + \delta_4 C_{lev} + \delta_5 C_{rd} + \delta_6 C_{ei} +$$
$$\delta_7 C_{mso} + \delta_8 C_{os} + \delta_9 X_{hcide} + \delta_{10} X_{hcine} + \delta_{11} X_{hcexr} + \delta_{12} M_{cpow} +$$
$$\delta_{13} X_{hcine} \times M_{cpow} + \varepsilon_3 \qquad (5-4)$$

$$\text{reg}(Y_{DOI}) = \varphi_0 + \varphi_1 C_{roe} + \varphi_2 C_{age} + \varphi_3 C_{size} + \varphi_4 C_{lev} + \varphi_5 C_{rd} + \varphi_6 C_{ei} +$$
$$\varphi_7 C_{mso} + \varphi_8 C_{os} + \varphi_9 X_{hcide} + \varphi_{10} X_{hcine} + \varphi_{11} X_{hcexr} + \varphi_{12} M_{cpow} +$$
$$\varphi_{13} X_{hcexr} \times M_{cpow} + \varepsilon_4 \qquad (5-5)$$

$$\text{reg}(Y_{DOI}) = \mu_0 + \mu_1 C_{roe} + \mu_2 C_{age} + \mu_3 C_{size} + \mu_4 C_{lev} + \mu_5 C_{rd} + \mu_6 C_{ei} +$$
$$\mu_7 C_{mso} + \mu_8 C_{os} + \mu_9 X_{scdil} + \mu_{10} X_{scpct} + \mu_{11} M_{cpow} + \varepsilon_6 \qquad (5-6)$$

$$\text{reg}(Y_{DOI}) = \omega_0 + \omega_1 C_{roe} + \omega_2 C_{age} + \omega_3 C_{size} + \omega_4 C_{lev} + \omega_5 C_{rd} +$$
$$\omega_6 C_{ei} + \omega_7 C_{mso} + \omega_8 C_{os} + \omega_9 X_{scdil} + \omega_{10} X_{scpct} + \omega_{11} M_{cpow} +$$
$$\omega_{12} X_{scdil} \times M_{cpow} + \varepsilon_6 \qquad (5-7)$$

$$\text{reg}(Y_{DOI}) = \alpha_0 + \alpha_1 C_{roe} + \alpha_2 C_{age} + \alpha_3 C_{size} + \alpha_4 C_{lev} + \alpha_5 C_{rd} + \alpha_6 C_{ei} +$$
$$\alpha_7 C_{mso} + \alpha_8 C_{os} + \alpha_9 X_{scdil} + \alpha_{10} X_{scpct} + \alpha_{11} M_{cpow} +$$
$$\alpha_{12} X_{scpct} \times M_{cpow} + \varepsilon_8 \qquad (5-8)$$

$$\text{reg}(Y_{DOI}) = \tau_0 + \tau_1 C_{roe} + \tau_2 C_{age} + \tau_3 C_{size} + \tau_4 C_{lev} + \tau_5 C_{rd} + \tau_6 C_{ei} +$$
$$\tau_7 C_{mso} + \tau_8 C_{os} + \tau_9 X_{hcide} + \tau_{10} X_{hcine} + \tau_{11} X_{hcexr} + \tau_{12} X_{scdil} +$$
$$\tau_{13} X_{scpct} + \tau_{14} M_{cpow} + \varepsilon_9 \qquad (5-9)$$

$$\text{reg}(Y_{DOI}) = \sigma_0 + \sigma_1 C_{roe} + \sigma_2 C_{age} + \sigma_3 C_{size} + \sigma_4 C_{lev} + \sigma_5 C_{rd} + \sigma_6 C_{ei} +$$
$$\sigma_7 C_{mso} + \sigma_8 C_{os} + \sigma_9 X_{hcide} + \sigma_{10} X_{hcine} + \sigma_{11} X_{hcexr} + \sigma_{12} X_{scdil} +$$
$$\sigma_{13} X_{scpct} + \sigma_{14} M_{cpow} + \sigma_{15} X_{hcide} \times M_{cpow} + \sigma_{16} X_{hcine} \times M_{cpow} +$$
$$\sigma_{17} X_{hcexr} \times M_{cpow} + \sigma_{18} X_{scdil} \times M_{cpow} + \sigma_{19} X_{scpct} \times M_{cpow} + \varepsilon_{10} \qquad (5-10)$$

二 描述性统计

如表 5-2 所示为各个变量的均值、标准差、分位数、最大值、最小值和 VIF 值。其中,各个变量的 VIF 数值均小于 2,在可接受的范围之内,说明自变量之间不存在多重共线性问题。变量之间的相关系数如表 5-3 所示,自变量和因变量之间存在相关性，满足多元回归分析的条件。另外，通过观测回归模型的散点图，发现呈无序均匀分布状态，从而表明本章的模型不存在异方差性。

表 5-2 跨国公司董事会资本、CEO 权力对其国际化战略影响研究变量的基本统计量

变量	均值	标准差	p5	p25	p50	p75	p95	最小值	最大值	VIF
Y_{DOI}	0.234	0.115	0.05	0.163	0.227	0.299	0.473	0	0.598	—
X_{hcine}	0.155	0.259	0	0	0.091	0.25	0.556	0	2	1.12
X_{hcide}	0.395	0.185	0.111	0.286	0.375	0.5	0.667	0	0.889	1.14
X_{hcexr}	0.261	0.132	0	0.182	0.273	0.333	0.444	0	0.8	1.14
X_{scdil}	0.444	0.249	0	0.286	0.429	0.6	0.889	0	1	1.14
X_{scpct}	0.081	0.122	0	0	0	0.125	0.333	0	0.714	1.11
M_{cpow}	0.279	0.22	0.039	0.101	0.198	0.486	0.653	0.011	1.083	1.24
C_{roe}	0.07	0.113	-0.01	0.026	0.063	0.119	0.237	-0.79	0.358	1.14
C_{age}	18.094	8.264	9	14	17	20	31	6	61	1.26
C_{size}	4.423	0.958	2.485	4.025	4.718	5.124	5.357	0	5.407	1.09
C_{lev}	0.408	0.195	0.099	0.241	0.405	0.551	0.711	0.021	0.937	1.26
C_{rd}	0.04	0.049	0	0.014	0.033	0.047	0.1	0	0.417	1.10
C_{ei}	0.326	0.41	0	0	0.085	0.622	1.14	0	1.544	1.10
C_{mso}	0.003	0.007	0	0	0	0.003	0.017	0	0.047	1.15
C_{os}	0.085	0.169	0	0	0	0.049	0.48	0	0.837	1.23

三 董事会资本、CEO 权力与国际化战略关系的假设检验

根据第四章分析结果发现，变量 C_{os} 对因变量有显著影响，本章同样根据是否有控股企业将研究样本分成两组，即国有跨国公司样本和非国有跨国公司样本，并进行了分组回归。

（一）跨国公司董事会人力资本、CEO 权力和国际化战略关系的验证

1. 国有跨国公司董事会人力资本、CEO 权力和国际化战略的关系

如表 5-4 所示，对于国有跨国公司，调节变量 CEO 权力 M_{cpow} 对企业国际化程度的影响显著（系数为 0.189，P 值 < 0.05），与 H_3 相反。表明国

表 5-3 跨国公司董事会资本、CEO 权力对其国际化战略研究变量之间的相关系数

变量	Y_{DOI}	X_{hcine}	X_{hcide}	X_{hcexr}	X_{hcdil}	X_{xcpct}	M_{cpow}	C_{roe}	C_{age}	C_{size}	C_{lev}	C_{rd}	C_{ei}	C_{mso}	C_{os}
Y_{DOI}	1														
X_{hcine}	0.026*	1													
X_{hcide}	0.073*	-0.067	1												
X_{hcexr}	0.057	0.033	-0.196***	1											
X_{hcdil}	0.210**	0.106*	0.092	0.168	1										
X_{xcpct}	0.017*	0.116*	-0.180*	0.134	0.199	1									
M_{cpow}	0.181*	0.166*	-0.035	0.173*	0.015	-0.015	1								
C_{roe}	0.018	0.152	-0.024	0.095	0.062	0.021	0.154	1							
C_{age}	-0.056	-0.172**	0.088	-0.099	-0.088	-0.122	-0.117	-0.111	1						
C_{size}	0.081	0.016	0.078	0.085	-0.176*	-0.099	-0.019	0.016*	-0.028**	1					
C_{lev}	0.023	-0.127	0.045	-0.094	0.022	0.021	-0.222**	-0.282**	0.239**	-0.011	1				
C_{rd}	-0.143*	0.149*	-0.013	0.012	0.015	-0.056	0.127	0.063	-0.117*	-0.009	-0.235*	1			
C_{ei}	-0.054	0.040	0.032	0.033	-0.089	0.093	-0.214	0.038	0.093	0.092	-0.005	-0.054	1		
C_{mso}	-0.037	0.083	0.009	0.098	0.094	0.068	0.159	0.177	-0.270**	-0.058	-0.174*	-0.089	-0.047	1	
C_{os}	-0.066	-0.153**	-0.257*	-0.123	0.090	-0.025	-0.257	-0.038	0.281	0.139	0.237	-0.071	0.084	-0.124	1

注：*、** 和 *** 分别表示在 10%、5% 和 1% 的水平上显著。

有企业 CEO 的权力越大，对企业国际化战略的影响越大。

表 5-4 跨国公司董事会人力资本、CEO 权力对其国际化战略影响的回归估计结果

（因变量：Y_{DOI}）

变量	M1 国有	M1 非国有	M2 国有	M2 非国有	M3 国有	M3 非国有	M4 国有	M4 非国有
C_{roe}	-0.09	0.078	-0.087	0.085	-0.091	0.112	-0.081	0.06
C_{age}	-0.057	0.016	-0.058	0.017	-0.058	0.018	-0.063*	0.01
C_{size}	0.133	0.016	0.129	0.018	0.133	0.017	0.138*	0.02
C_{lev}	0.044	0.044	0.043	0.041	0.044	0.056	0.054	0.05
C_{rd}	-0.083	-0.126	-0.087	-0.122	-0.081	-0.141*	-0.1	-0.11
C_{ei}	0.048	-0.079*	0.045	-0.077*	0.048	-0.066	0.046	-0.068*
C_{mso}	-0.058	-0.042	-0.059	-0.039	-0.058	-0.053	-0.047	-0.05
X_{hcide}	-0.04	**0.088***	-0.018	**0.130***	-0.04	**0.082***	-0.039	**0.085***
X_{hcine}	-0.083	0.134**	-0.089	0.132*	-0.098	-0.031	-0.12	0.121*
X_{hcexr}	-0.025	0.080	-0.023	0.078	-0.025	0.071	-0.103	-0.089
M_{cpow}	**0.189***	**-0.081***	0.193	-0.003	0.156*	**-0.130***	0.036	**-0.244***
$X_{hcide} \times M_{cpow}$			-0.012	-0.070				
$X_{hcine} \times M_{cpow}$					0.019	**-0.297***		
$X_{hcexr} \times M_{cpow}$							0.466	**-0.654***
Constant	0.320	0.084	0.320	0.076	0.325	0.063	0.344*	0.175
Industry	yes	yes	yes	yes	yes	yes	yes	yes
R^2	0.366	0.283	0.366	0.283	0.366	0.308	0.374	0.309
$A-R^2$	0.177	0.174	0.164	0.168	0.165	0.197	0.176	0.198
N（个）	84	138	84	138	84	138	84	138
F 值	1.942	2.607	0.938	2.455	1.818	2.764	1.885	2.780

注：***、**、* 分别表示双尾 t 检验值在 1%、5% 和 10% 的水平上显著。

进一步估计了国有跨国公司董事会成员的行业经验、国际化经验、专家和 CEO 权力的交互作用对企业国际化战略的影响。回归估计结果不显著，

表明国有跨国公司 CEO 权力与董事会人力资本的交互作用对企业国际化战略没有影响。

2. 非国有跨国公司董事会人力资本、CEO 权力和国际化战略的关系

如表 5-4 所示，对于非国有跨国公司，调节变量 CEO 权力 M_{cpow} 对企业国际化程度的影响显著（系数为 -0.081，P 值 <0.1），验证了 H_3。表明非国有跨国公司董事会 CEO 权力越大，对国际化战略的影响越小。

进一步验证非国有跨国公司董事会人力资本与 CEO 权力的交互作用对企业国际化程度的影响。回归估计结果显示，董事会中具有行业经验的董事比例与 CEO 权力的交互作用不显著（系数为 -0.012，P 值为 0.782，大于 0.1）。表明 CEO 权力对非国有跨国公司董事会成员行业经验与国际化战略的关系没有调节作用。

然而，变量 CEO 权力 M_{cpow} 显著负向调节董事会中具有国际化经验的董事比例与企业国际化程度的关系（系数为 -0.297，P 值为 0.04，小于 0.05）。该回归估计结果表明，非国有跨国公司的 CEO 权力越大，会导致 CEO 越难接受具有国际化经验的外部董事的建议，从而越会影响企业国际化战略。该结果该验证了 H_{1b}。

另外，变量 CEO 权力 M_{cpow} 显著负向调节董事会中具有专家角色的董事比例与企业国际化程度的关系（系数为 -0.654，P 值为 0.036，小于 0.05）。该回归估计结果表明，非国有跨国公司 CEO 权力越大，会导致 CEO 越难接受具有专家角色的外部董事的建议，从而越会影响企业国际化战略。该结果验证了 H_{1c}。

（二）跨国公司董事会社会资本、CEO 权力和国际化战略关系的验证

1. 国有跨国公司董事会社会资本、CEO 权力和国际化战略的关系

如表 5-5 所示，对于国有跨国公司，调节变量 CEO 权力 M_{cpow} 对企业国际化程度的影响显著（系数为 0.175，P 值为 0.009，小于 0.01），与 H_3 相反。表明国有企业 CEO 的权力越大，对企业国际化战略的影响越大。

进一步估计了国有跨国公司董事会成员的连锁董事网络、政治关联与 CEO 权力的交互作用对企业国际化战略的影响。回归估计结果显示，董事会中连锁董事的比例与 CEO 权力的交互作用显著（系数为 0.547，P 值为

0.035，小于0.05）。表明CEO权力对国有跨国公司董事会成员的连锁董事网络与国际化战略的关系有正向调节作用，与H_{2a}相反。

表5-5 跨国公司董事会社会资本、CEO权力对其国际化战略影响的回归估计结果

（因变量：Y_{DOI}）

变量	M5	M6 国有	M6 非国有	M7 国有	M7 非国有	M8 国有	M8 非国有
C_{roe}	0.049	-0.106	0.096	-0.06	0.093	-0.115	0.102
C_{age}	-0.026	-0.062*	0.02	-0.056*	0.022	-0.058*	0.02
C_{size}	0.078*	0.111	0.042	0.126	0.047	0.102	0.039
C_{lev}	0.016	0.051	0.032	0.06	0.029	0.051	0.031
C_{rd}	-0.142*	-0.074	-0.119	-0.116	-0.115	-0.022	-0.115
C_{ei}	-0.045	0.036	-0.067	0.029	-0.073*	0.043	-0.067
C_{mso}	-0.073	-0.066	-0.012	-0.057	0.005	-0.068	-0.014
C_{os}	-0.038*						
X_{scdil}		**0.100****	-0.012	**0.185*****	0.074	**0.100***	-0.012
X_{scpct}		0.035	0.04	0.038	-0.002	0.045	0.006
M_{cpow}		**0.175*****	-0.071	-0.122	0.055	**0.199****	-0.081
$X_{scdil} \times M_{cpow}$				**0.547****	**-0.369***		
$X_{scpct} \times M_{cpow}$						-0.214	0.017
Constant	0.219**	0.340*	0.113	0.326*	0.087	0.337*	0.113
Industry	yes	yes	yes	yes	yes	yes	yes
R^2	0.216	0.372	0.253	0.415	0.270	0.376	0.253
$A-R^2$	0.143	0.198	0.147	0.241	0.160	0.191	0.140
N（个）	222	84	138	84	138	84	138
F值	2.936	2.142	2.387	2.388	2.445	2.031	2.236

注：***、**、*分别表示双尾t检验值在1%、5%和10%的水平上统计显著。

回归估计结果显示，变量CEO权力M_{cpow}对董事会中具有政治关联的董事比例与企业国际化程度关系的调节作用不显著（系数为-0.214，P值为0.531，大于0.1）。

2. 非国有跨国公司董事会社会资本、CEO权力和国际化战略的关系

如表5-5所示，对于非国有跨国公司，调节变量CEO权力M_{cpow}对企业国际化程度的影响不显著（系数为-0.071，P值为0.513，大于0.1）。

进一步估计了非国有跨国公司董事会成员的连锁董事网络、政治关联与CEO权力的交互作用对企业国际化程度的影响。回归估计结果显示，董事会中连锁董事的比例与CEO权力的交互作用显著（系数为-0.369，P值为0.095，小于0.1）。表明CEO权力对非国有跨国公司董事会成员连锁董事网络与国际化战略的关系有负向调节作用，验证了H_{2a}。

然而，变量CEO权力M_{cpow}对董事会中具有政治关联的董事比例与企业国际化程度关系的调节作用不显著（系数为0.017，P值为0.951，大于0.1）。

（三）跨国公司董事会资本、CEO权力和国际化战略关系的验证

1. 国有跨国公司董事会资本、CEO权力和国际化战略的关系

如表5-6所示，模型M1的回归估计结果显示，变量CEO权力M_{cpow}对企业国际化程度的影响显著（系数为0.181，P值<0.05），与H_3相反。表明国有企业CEO的权力越大，对企业国际化战略的影响越大。这与表5-4中的回归估计结果一致。

表5-6 国有跨国公司董事会资本、CEO权力对其国际化战略影响的回归估计结果

（因变量：Y_{DOI}）

变量	M1	M2	M3	M4	M5	M6	M7
C_{roe}	-0.107	-0.102	-0.106	-0.097	-0.053	-0.119	-0.048
C_{age}	-0.063*	-0.065*	-0.062*	-0.069*	-0.059*	-0.058	-0.052
C_{size}	0.110	0.099	0.11	0.116	0.127	0.101	0.097
C_{lev}	0.052	0.048	0.053	0.061	0.063	0.051	0.064
C_{rd}	-0.065	-0.075	-0.069	-0.083	-0.094	-0.012	-0.051
C_{ei}	0.038	0.031	0.037	0.035	0.031	0.045	0.028
C_{mso}	-0.067	-0.07	-0.068	-0.055	-0.057	-0.07	-0.063
X_{hcide}	-0.016	0.036	-0.017	-0.012	-0.001	-0.025	0.076
X_{hcine}	-0.030	-0.043	0.006	-0.069	-0.076	-0.025	0.042

续表

变量	M1	M2	M3	M4	M5	M6	M7
X_{hcexr}	0.004	0.01	0.007	-0.075	-0.009	0.003	-0.015
X_{scdil}	**0.096***	**0.101***	**0.096***	**0.098***	**0.229****	**0.094***	**0.172****
X_{scpct}	0.037*	0.036*	0.039*	0.032*	0.033*	0.045*	0.092*
M_{cpow}	**0.181****	0.226	**0.151***	0.022	-0.12	**0.217****	0.039
$X_{hcide} \times M_{cpow}$		-0.061					-0.384
$X_{hcinde} \times M_{cpow}$			-0.015				-0.19
$X_{hcexr} \times M_{cpow}$				0.461			0.134
$X_{scdil} \times M_{cpow}$					0.483*		0.534*
$X_{scpct} \times M_{cpow}$						0.486	-0.725
Constant	0.355*	0.354*	0.354*	0.378*	0.330*	0.355*	0.327
Industry	yes	yes	yes	yes	yes	yes	yes
R^2	0.375	0.376	0.375	0.384	0.411	0.383	0.433
$A-R^2$	0.164	0.151	0.150	0.161	0.199	0.161	0.174
N（个）	84	84	84	84	84	84	84
F 值	1.775	1.669	1.667	1.727	1.935	1.724	1.673

注：***、**、*分别表示双尾 t 检验值在 1%、5%和 10%的水平上显著。

进一步估计了国有跨国公司董事会成员的行业经验、国际化经验、专家角色和 CEO 权力的交互作用对国际化战略的影响。模型 M2、M3 和 M4 的回归估计结果都不显著，表明 CEO 权力与国有跨国公司董事会人力资本的交互作用对企业国际化战略没有影响。

模型 M5 的回归估计结果显示，变量 CEO 权力 M_{cpow} 显著调节国有跨国公司中连锁董事的比例与国际化程度的关系（系数为 0.483，P 值为 0.056，小于 0.1），这一结果在模型 M7 得到了佐证。该结果与 H_{2a} 相反。表明国有企业 CEO 的权力越大，越能加强连锁董事对企业国际化战略的影响。模型 M6 的回归估计结果不显著。

2. 非国有跨国公司董事会资本、CEO 权力和国际化战略的关系

如表 5-7 所示，回归模型 M1 到 M7 估计了非国有跨国公司董事会人力资本、社会资本、CEO 权力与国际化战略的关系。模型 M1 的回归估计结果显示，变量 CEO 权力 M_{cpow} 对企业国际化程度的影响显著（系数为 -0.074，

在10%的水平上显著),验证了 H_3。表明国有企业 CEO 的权力越大,对企业国际化战略的影响越小。与表 5-4 中对应的回归估计结果一致。

表 5-7　非国有跨国公司董事会资本、CEO 权力对其国际化战略影响的回归估计结果

(因变量:Y_{DOI})

变量	M1	M2	M3	M4	M5	M6	M7
C_{roe}	0.083	0.093	0.12	0.069	0.08	0.091	0.128
C_{age}	0.014	0.015	0.016	0.01	0.018	0.014	0.016
C_{size}	0.013	0.013	0.011	0.02	0.019	0.009	0.019
C_{lev}	0.046	0.043	0.059	0.051	0.043	0.044	0.052
C_{rd}	-0.125	-0.121	-0.142*	-0.112	-0.122	-0.12	-0.113
C_{ei}	-0.080*	-0.076*	-0.066	-0.068*	-0.085	-0.081**	-0.06
C_{mso}	-0.046	-0.042	-0.058	-0.051	-0.027	-0.049	-0.045
X_{hcide}	**0.096***	**0.148***	**0.091***	**0.093***	0.081	**0.098***	0.114
X_{hcine}	**0.134***	**0.134***	-0.036	**0.121***	**0.143****	**0.133***	-0.05
X_{hcexr}	0.084	0.084	0.078	-0.062	0.084	0.085	-0.072
X_{scdil}	-0.033	-0.041	-0.042	-0.034	0.047	-0.035	0.053
X_{scpct}	0.041	0.035	0.037	0.042	0.044	-0.006	-0.059
M_{cpow}	-0.074*	-0.027	-0.129**	-0.247***	0.032	-0.095*	-0.097*
$X_{hcide} \times M_{cpow}$		-0.117					-0.194
$X_{hcinde} \times M_{cpow}$			-0.324**				-0.339**
$X_{hcexr} \times M_{cpow}$				-0.656**			-0.692**
$X_{scdil} \times M_{cpow}$					-0.244*		-0.306*
$X_{scpct} \times M_{cpow}$						0.044	0.161
Constant	0.085	0.085	0.066	0.174	0.065	0.085	0.124
Industry	yes	yes	yes	yes	yes	yes	yes
R^2	0.291	0.292	0.320	0.318	0.303	0.147	0.365
$A-R^2$	0.170	0.164	0.197	0.194	0.176	0.042	0.223
N(个)	138	138	138	138	138	138	138
F 值	2.403	2.282	2.601	2.571	2.269	1.4	2.576

注:***、**、* 分别表示双尾 t 检验值在 1%、5% 和 10% 的水平上显著。

进一步验证非国有跨国公司董事会人力资本与 CEO 权力的交互作用对企业国际化战略的影响。模型 M2 的回归估计结果显示，董事会中具有行业经验的董事比例与 CEO 权力的交互作用不显著（系数为 -0.117，P 值为 0.651，大于 0.1）。进一步支持了表 5-4 中对应的回归估计结果。表明 CEO 权力对非国有跨国公司董事会成员行业经验与国际化战略的关系没有调节作用。

模型 M3 的回归估计结果显示，变量 CEO 权力 M_{cpow} 显著负向调节董事会中具有国际化经验的董事比例与企业国际化程度的关系（系数为 -0.324，P 值为 0.28，小于 0.05）。该回归估计结果表明，非国有跨国公司的 CEO 权力越大，会导致 CEO 越难接受具有国际化经验的外部董事的建议，从而越会影响企业的国际化战略，该结果验证了 H_{1b}。

模型 M4 的回归估计结果显示，变量 CEO 权力 M_{cpow} 显著负向调节董事会中具有专家角色的董事比例与企业国际化程度的关系（系数 -0.656，P 值为 0.036，小于 0.05）。该回归估计结果表明，非国有跨国公司的 CEO 权力越大，会导致 CEO 越难接受具有专家角色的外部董事的建议，从而越会影响企业的国际化战略，该研究验证了 H_{1c}。

进一步估计了非国有跨国公司董事会成员的连锁董事网络、政治关联与 CEO 权力的交互作用对企业国际化战略的影响。模型 M5 的回归估计结果显示，董事会中连锁董事的比例与 CEO 权力的交互作用显著（系数为 -0.244，P 值为 0.088，小于 0.1）。表明 CEO 权力对非国有跨国公司董事会成员的连锁董事网络与国际化战略的关系有负向调节作用，验证了 H_{2a}；模型 M6 的回归结果显示，变量 CEO 权力 M_{cpow} 对董事会中具有政治关联的董事比例与企业国际化程度关系的调节作用不显著（系数为 0.044，P 值为 0.914，大于 0.1）。

全模型 M7 的回归估计结果显示，变量 CEO 权力 M_{cpow} 显著负向调节了董事会成员的国际化经验、专家角色和连锁董事网络对国际化战略的影响，进一步支持了模型相关回归估计结果。

(四) 稳健性检验

为了验证本章研究结果的稳健性，主要采取了四方面的措施。首先，对于原有的 222 家样本，选取其中一半的样本对原有的假设进行重新验证，得到的结果与原有研究结果基本一致；其次，应用 VIF 值检测自变量之间的多重共线性，如表 5-2 最后一列所示，各自变量的 VIF 值均小于 2，说明自变量之间不存在多重共线性问题；再次，采用 D-W 数值对变量的自相关性进行检验，值均在 1.7~2.25，不存在显著的自相关性；最后，采用残差散点图分析和 White 检验，分析模型是否存在异方差问题，发现回归模型中的残差散点图不存在明显的规律，而 White 检验的 P 值大于 0.05，说明在 95% 的显著水平上拒绝原假设，表明回归模型不存在异方差问题。因此，通过以上稳健性检验的措施增强了本章研究结果的稳健性。

(五) 实证检验结果总结

由于我国国有上市跨国公司和非国有上市跨国公司的对外投资存在明显的差异，所以本书将研究样本分为国有和非国有两组，分别验证本书所提出的假设。通过对这两组样本的回归估计验证跨国公司董事会资本、CEO 权力对企业国际化战略的影响，本章实证检验结果如图 5-2 所示。

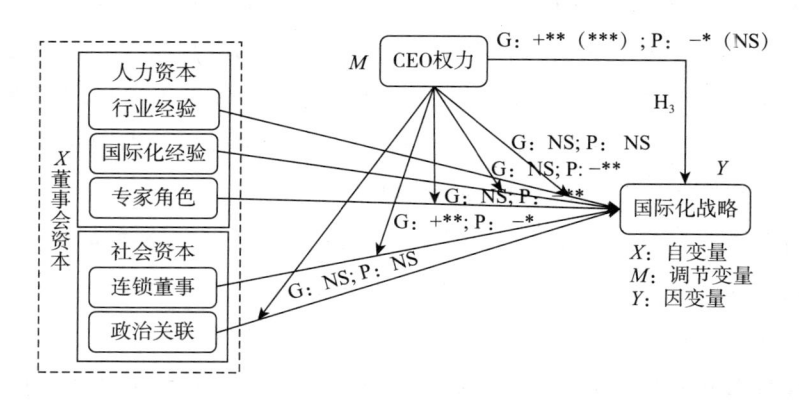

图 5-2　跨国公司董事会资本、CEO 权力对企业国际化战略影响的验证结果

注：G 表示国有跨国公司样本，P 表示非国有跨国公司样本，NS 表示不显著，+ 表示正相关，- 表示负相关，* 表示 P 值 <0.1，** 表示 P 值 <0.05，*** 表示 P 值 <0.01。

第四节 跨国公司董事会资本、CEO 权力和国际化战略关系研究结论与管理建议

一 研究结论

目前，大部分国内外有关企业治理的研究文献主要强调董事会的职能是监督和控制企业 CEO 和高管团队所做的战略决策，而对于企业董事会是否有足够的能力为企业的战略决策提供服务，尤其是对企业国际化战略决策提供帮助的研究较少。本章在第四章的基础上，进一步探讨我国跨国公司董事会资本、CEO 权力与国际化战略的关系，同样将研究样本分为国有跨国公司和非国有跨国公司两组，分别验证本章所提出的研究假设。

1. 国有跨国公司董事会资本、CEO 权力与国际化战略的关系

根据第四章的实证研究结果发现，国有跨国公司董事会人力资本中董事会成员的行业经验对企业国际化战略没有显著影响。本章的实证研究结果发现，国有跨国公司董事会人力资本与 CEO 权力的交互作用对国际化战略的影响也不显著；而 CEO 权力对企业国际化战略的直接效应显著，表明国有跨国公司 CEO 权力越大，对企业国际化战略的影响越大。该研究结果说明我国国有跨国公司具有行业经验、国际化经验和专家角色的董事会成员对企业国际化战略的影响较小，存在 CEO 的堑壕效应，即国有跨国公司董事会治理的有效性受 CEO 权力的影响。

由于国有跨国公司的 CEO 权力较大，当 CEO 进行战略决策时，董事会本应履行的监督、控制和资源提供职能无法发挥，存在 CEO "一言堂"的现象。我国国有跨国公司的 CEO 通常由国务院国资委指定，权力较大，董事会履行的职能有限。根据新制度理论的观点，由于国有跨国公司 CEO 的决策面临政府的管制制度压力，需要兼顾政府目标和企业目标，较少考虑资源的经济性（DiMaggio and Powell, 1983；Scott, 2008；Wang, Hong and Kafouros et al., 2012）。因此，国有跨国公司国际化战略与非国有跨国公司不同。对于国有跨国公司，由于股权优势带来的政府对外投资政策的支持，CEO 权力越大，获得的政府资源支持就越大，因此国有跨国公司 CEO 权力

正向影响国有跨国公司的国际化战略。

研究结果发现，国有跨国公司的 CEO 权力正向调节董事会连锁董事网络与国际化战略的关系。表明具有较高权力的国有跨国公司 CEO，会利用董事会成员的行业链接获取同行业关于国际市场的信息和资源，提高企业的国际化程度。

2. 非国有跨国公司董事会资本、CEO 权力与国际化战略的关系

本章验证了非国有跨国公司董事会人力资本与 CEO 权力的交互作用对国际化战略的影响。研究结果发现非国有跨国公司 CEO 权力负向调节董事会人力资本中国际化经验、专家角色与企业国际化战略的关系。该研究结果与研究假设一致，验证了较高的 CEO 权力会影响董事会治理的有效性的假设。同时，表明我国非国有跨国公司的董事会构成相对合理，能够发挥董事会对企业战略决策的监督、控制和资源提供的职能。此外，本章还验证了非国有跨国公司董事会社会资本与 CEO 权力的交互作用对国际化战略的影响。研究结果发现非国有跨国公司的 CEO 权力负向调节董事会的连锁董事网络与国际化战略的关系，验证了假设 H_{2a}。该研究结果表明非国有跨国公司的 CEO 权力会影响担任连锁董事的董事会成员对企业国际化战略提供相关资源和建议。

二　管理建议

对于企业的决策层而言，理解董事会人力资本、社会资本和 CEO 权力对企业国际化战略的影响非常重要。因此，本章针对当前我国企业实施"走出去"的战略，从跨国公司治理的角度，基于改善董事会治理有效性，发挥其对企业国际化战略的监督、控制和资源提供职能，提出三条管理建议。

首先，对于非国有跨国公司，建议企业组建董事会时，在着重考虑外部董事是否具有行业经验、国际化经验和担任连锁董事的同时，适当控制 CEO 的权力，让具有国际化经验、行业经验和担任连锁董事的董事会成员能够更好履行董事会的职能，发挥董事会对企业战略决策的监督和资源提供职能。因为具有国际化经验的董事能更好地洞察国际市场，帮助跨国公

司克服在东道国面临的外来者劣势问题，消除外部经营环境的不确定性；而担任连锁董事的董事会成员能够及时掌握企业在国际化运营过程中所需要的信息和关键资源。同时，控制CEO的权力也有利于改善企业国际化绩效。

其次，根据现有的研究结果发现，国有跨国公司董事会成员的行业经验和专家角色对其国际化战略的影响不显著，表明现有国有跨国公司董事会不能够很好地履行监督、控制和资源提供的职能。CEO权力对国有跨国公司董事会成员的行业经验、国际经验、专家角色与国际化战略关系的调节作用不显著。而CEO权力与国有跨国公司国际化程度呈正相关，表明对于国有企业而言，CEO权力较大，而董事会不能发挥应有的监督、控制和资源提供职能，董事会治理的有效性较低。因此，对于国有企业，需要改革CEO的聘任制度，从国务院国资委指派转变为从市场上聘任职业经理人，让国有企业董事会发挥其治理有效性，将国有企业CEO"一言堂"的决策变成由更为科学的企业董事会参与的群体决策。尤其是在企业的国际化运营阶段，发挥董事会治理的有效性更为重要。

最后，无论是国有跨国公司，还是非国有跨国公司，企业的董事会治理有效性与CEO权力的平衡都应当与其国际化战略的实施匹配。企业在国际化的过程中，应当形成与其国际化战略匹配的董事会结构和CEO权力，如此才能充分发挥董事会治理的有效性，尤其是发挥针对企业国际化战略的监督控制、资源提供和咨询建议职能。

第六章

跨国公司董事会资本与国际化战略关系的演化机制*

本章在第四章和第五章的基础上,将以单案例纵向研究的方法,从动态视角,研究我国跨国公司董事会资本与国际化战略关系的演化机制,从而探讨企业从一家国内企业成长为一家跨国公司的过程中,董事会治理有效性的贡献。

第一节 董事会资本与国际化战略关系的理论框架

一 董事会资本与国际化战略关系的理论分析

现有研究已经探讨了董事会参与企业战略决策的影响因素,发现董事会参与企业战略决策依赖环境因素,如和战略决策相关的不确定性和复杂性(Rindova,1999)、股东的期望(Judge and Zeithaml,1992)以及董事会的人口统计学特征(Gautam and Goodstein,1996;Golden and Zajac,2001)。重要的组织外部环境变化会引起组织主要战略的变化(Gersick,1991)。组织战略变化的主要推动力是董事会(Grinyer and Mckiernan,1990)。主流的研究认为企业的董事会是一种重要机制,通过董事会组织能够对环境的不

---

* 本章内容已发表,见周常宝、林润辉和李康宏等(2018)。

确定性做出响应（Boeker and Goodstein, 1991）。实证研究已经将董事会特征链接到企业战略的变化方面（Pearce and Zahra, 1992; Goodstein, Gautam and Boeker, 1994）。Sherman、Kashlak 和 Joshi（1998）较早地探讨了董事会对企业国际化战略的影响。他们认为环境的变化产生了新的情景，推动企业改变董事会的构成以适应环境的变化。他们认为新的董事会成员能够带来新的技能、经验和与外界的联系，并能够为企业国际化运营的战略决策提供建议。Hillman（2005）的研究发现董事会的构成反映了组织的资源和合法性。McNulty 和 Pettigrew（1999）的研究结论指出非执行董事影响企业战略决策的内容和过程。同样，Stiles（2001）的研究表明董事会主要负责决定企业战略活动。

总之，这些研究表明董事会为企业的战略决策提供服务。他们的研究支持组织环境、董事会构成和战略变化的互动关系。

二 董事会资本与国际化战略关系演化的理论框架

本节首先根据相关文献界定企业环境的内涵及构成。然后，界定董事会资本和国际化战略的内涵及构成。最后，分析董事会资本与国际化战略的关系。

（一）企业环境

以前的研究发现组织绩效的明显下滑可能伴随着组织外部环境的某种变化，体现为组织与环境的不匹配。在这种情况下，董事会资本的改变能够改善组织对环境不确定性的响应和扭转企业的低绩效（Boeker and Goodstein, 1991; Hillman, Cannella and Paetzold, 2000）。和以前的研究一致，本书主要考虑组织外部环境的三个维度。（1）制度环境，主要包括国家法律法规和相关政策（Gautam and Goodstein, 1996）。对于企业面临的宏观的制度环境，在此分析案例研究所处的阶段下我国宏观的法律法规变化对企业的影响。（2）竞争环境，主要包括行业环境和市场环境（Goodstein, Gautam and Boeker, 1994）。（3）经济环境，用企业过去的绩效作为企业运营的经济环境的代理变量（Boeker and Goodstein, 1991）。

（二）董事会资本

董事会构成代表董事会中的每个董事完成各种任务的能力，通常借助董事会成员人口统计学特征分析（Pearce and Zahra，1992；Muth and Donaldson，1998；Westphal and Zajac，1995；Rindova，1999；Carpenter and Westphal，2001）。因此，本书采用董事会成员的人口统计学特征作为董事会提供资源的代理变量。类似的，Hillman 和 Dalziel（2003）对董事会的资源提供职能做了深入的描述。他们识别了董事会为组织提供的资源，将其划分为人力资本和社会资本。董事会的人力资本由董事会的专长、经验、知识和技能等构成。董事会的社会资本主要指由董事会保持组织与外部环境之间网络联结的资源。

（三）企业国际化战略

对于企业战略的概念，很多学者给出了不同的分析。Andrews（1980）和 Hamermesh（1986）提出了一个更为宽泛的战略概念。他们将企业的战略分为三个层次：制度层、企业层和经营层的战略。制度层的战略包含组织的使命、追求的目标以及考虑企业使命的所有决策（Hamermesh，1986）。制度层的战略相当于组织想要传达给所有利益相关者，包括员工、顾客、市场等的身份、价值和形象。企业层战略主要涵盖与组织主营业务范围相关的决策，如资源分配和多元化战略（Hamermesh，1986）。经营层战略通常考虑产品和市场。

本书研究的国际化战略是企业战略的延伸，是指复杂的企业层战略。企业进行国际化有多种目标：包括范围经济，接触新的资源，降低成本，创新能力的延伸，知识获取，获取位置优势和改善绩效（Hitt，Hoskisson and Kim，1997）。很多学者对国际化战略做了界定：Oviatt 和 McDougall（1994）将国际化战略定义为企业在母国之外从事主要投资活动的数目；Barkema 和 Vermeulen（1998）将国际化战略定义为跨国公司国际化运营的地理分散性。Sullivan（1994）提出使用国际化结构、绩效和态度衡量企业国际化战略的扩张程度。

综合以上学者的观点，借鉴企业战略划分，根据研究的目标，本章将国际化战略划分为制度层战略、企业层战略和经营层战略。

（四）关系演化的理论框架

根据第二章对董事会资本的文献综述，结合资源依赖理论，本章在此总结了董事会资本与企业国际化战略的关系（如表6-1所示）。

表6-1 董事会构成、董事提供的资源与企业国际化战略

董事会构成	董事人口统计特征	董事提供的战略资源	支持的战略层次
内部董事 （专长/经验）	*在企业内担任或者曾担任CEO或董事长； *在行业领域兼任领导职务； *兼任过人大代表、工商联主席等； *兼任其他企业的董事 *具有外籍、国外教育经历、跨国公司工作经验等国际化经验	在战略决策和竞争方面的专业知识，在某一领域的具体知识，如金融、法律等，与政府和行业联结的资源，国际化知识等	所有战略层次
经营专家 （外部董事）	*在其他大企业担任或曾担任高管； *在同一行业或不同行业有丰富的经营经验 *在不同行业有丰富的经营经验	在战略形成和实施阶段的专长和经验，参与企业战略变革，保持与其他外部企业的沟通	所有战略层次，尤其是经营层次
支持专家 （外部董事）	*作为律师、银行家（商业和投资方面）、保险公司代表、公共关系专家等担任企业外部董事 *具有外籍、国外教育经历、跨国公司工作经验等国际化经验	提供法律、银行、保险和公共关系方面的专业知识和沟通渠道，帮助获取企业发展所需的必要资源，例如金融资本、法律支持，提供合法性等	所有战略层次尤其是企业层次
团体影响力专家 （外部董事）	*曾在政府相关部门担任领导职务； *大学教授； *社会团体或非营利组织领导人	联结到团体组织和政府机构，与政府机构建立沟通渠道，从非经营视角/社会视角向企业的行为和战略提供建议	所有战略层次尤其是制度层次

据以上的理论分析，本章构建了理论框架（如图6-1所示）。

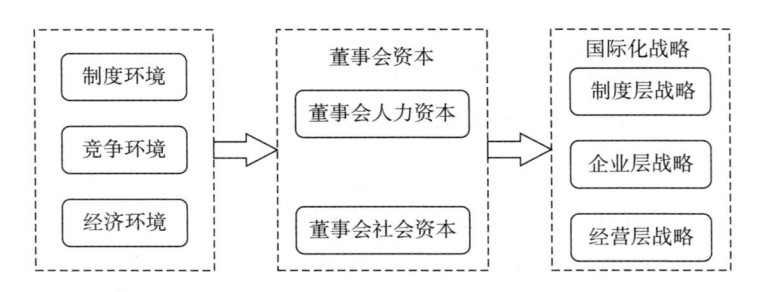

图6-1 企业环境、董事会资本和国际化战略关系的理论框架

第二节　跨国公司董事会资本与国际化战略
　　　关系演化机制的研究方法

一　案例研究方法的选择

案例研究是不同于大样本实证研究的方法，通常用于处理有待研究的变量比数据点还要多的特殊情况。案例研究主要用于解决需要回答"怎么样""为什么"的研究问题（殷，2004）。案例研究的本质通常遵循的是归纳逻辑，适合对现实中复杂具体的问题进行深入分析，以发现其中的潜在理论贡献（毛基业和李晓燕，2010）。因此，案例研究方法已被国内外众多学者在拓展现有理论、发现新理论等方面的研究中使用（Eisenhardt and Graebner，2007；毛基业和王伟，2012；许晖、冯永春和许守任，2014）。

根据研究的主题在现象上的典型性和在内容上的复杂性，本章采用探索性单案例研究方法。探索性的单案例研究方法可以追踪研究同一对象在不同时间点的发展变化或演变规律（殷，2004）。

首先，本章研究基于二手资料，如年报、企业网站、新闻报道和文献研究等，对相关研究问题进行探讨；其次，对二手资料不能解决的问题，再进一步通过访谈和调查问卷等方式收集相关信息；最后，整理、归纳和总结研究成果。单案例研究的好处是：可以获得案例企业成长过程关键阶段的资料，能够对案例企业的成长过程以及该企业所处的情景做到较为深入和系统的了解和掌握。此外，本章研究主要覆盖案例企业内部董事会成员和企业战略的变迁等，以及企业外部的制度环境、经济环境和竞争环境，和它们之间的关系。这种多角度多层面的分析同一问题为研究新兴经济体跨国公司董事会治理有效性的研究奠定了基础。这些基础工作可以大大提高所构建理论的外部效度。

二　联想集团选取的理由

案例选择通常采用理论抽样的方法，理论抽样的目标是要选择那些可能复制或者拓展新兴理论的案例（Eisenhardt，1989b）。Pettigrew（1990）

指出案例的选取通常指向那些极端情景和极端类型的案例。Yin（1994）指出案例的选择具有典型性和极端性，与 Pettigrew（1990）的看法一致。另外，研究的问题也决定了案例企业的选择（罗仲伟、任国良和焦豪等，2014）。

综上所述，本章研究案例选择的标准如下：（1）企业所处的行业是完全竞争性行业，竞争相对激烈，并且企业能够代表它所在的行业；（2）企业成长过程中环境变化较大；（3）企业成立时间较长，应在20年以上；（4）企业应在全世界有一定的竞争优势。根据该案例选择标准，本章选取联想集团作为案例研究对象，主要原因有如下几点。

首先，1984年成立的联想集团，成立时间较长；在 PC 行业从1996年开始一直位居中国国内市场首位。同时，2014年和2015年联想集团的 PC 销售量连续两年世界第一，已经成长为全球最大的 PC 生产厂商，具有行业代表性。

其次，从2005年并购 IBM 的 PC 事业部至今，联想集团的外部环境、内部的董事会构成、高管团队构成以及企业的战略经历了很多变化，可以划分为多个阶段，而且各个阶段的数据较为完整，各个阶段的特征、问题及其解决方式都能反映出联想集团国际化的特征。

再次，联想集团的快速发展很大程度上得益于它国际化的董事会和高管团队的形成。调研过程对联想集团通过跨国并购的方式促进董事会及高管团队的转变，进而促进企业国际化绩效的提升印象尤为深刻。

最后，笔者所在的南开大学中国公司治理研究院与中国集团公司促进会有非常良好的合作关系，通过中国集团公司促进会得以顺利地多次调研联想集团，获得了大量丰富的一手访谈资料和联想集团的内部资料，保证了所获取相关案例资料的准确性、直接性。

三 案例研究的数据收集

遵循 Yin（1994）和 Eisenhardt（1989b）构建的案例资料收集原则，案例研究的数据应当能够进行交叉验证，保证数据来源的多样性，从而提高案例研究的信度和效度。本章从多个数据源收集资料，数据来源如下：

（1）采用半结构化的访谈方法获取联想集团跨国治理过程中关键事件的定性和定量数据；（2）通过电子邮件、电话等跟进访谈和跟踪联想集团跨国经营最新进展；（3）财务报告中的定量数据；（4）企业网站、商业出版物以及各类档案数据。通过多种渠道收集的数据和资料形成对研究数据的三角测量，避免共同方法偏差（彭新敏、吴晓波和吴东，2011）以提高研究的信度和效度。

（一）半结构化的访谈

为了获取一手的资料，笔者所在研究小组在中国集团公司促进会的协助下，访谈了联想集团的政府事务部经理、法务部高级副总裁、人力资源部高级副总裁、财务部副总裁等 8 位中高层管理者，并采用半结构化访谈的方式深入调查。他们具有以下特点：（1）在联想集团工作长达 10 年以上，比较了解联想集团发展的各方面信息；（2）工作职能与联想集团的国际化过程及研究问题相关；（3）能够全面了解各自所在部门的情况，了解联想集团的相关信息。因此，通过与这 8 位访谈对象面对面地访谈，可以深入了解本章研究相关的问题，有助于提高研究的信度和效度。在访谈的过程中对已经收集到的二手资料中不能够解决的研究问题进行了面对面的详细咨询和确认。每次访谈的平均时间在 2 小时左右。每次访谈全程进行录音，并让研究小组不同的成员同时做详细的访谈笔记，以确保访谈内容全面和准确。

（二）非正式访谈和现场观察

笔者通过邮件、电话跟踪调研以及与认识的在联想集团工作的中高层管理人员的交流等非正式访谈了解到很多联想集团内部的信息和发展历史，为本章研究提供了更多翔实的资料，可以和访谈内容进行交叉验证。

研究小组还实地参观了联想集团研究院，以了解联想集团的主要创新产品、发展历程、企业文化以及国际化进程等。联想集团研究院创新产品体验中心主要展示了联想集团历年的创新产品，尤其是展现了并购 IBM 的 PC 事业部、摩托罗拉等以后在全球市场推广的新产品。在参观中，与管理人员进行交流，了解到联想集团在国际化道路上发生的各种关键事件的背后故事，以及联想集团在进行国际化扩张之路上所遭遇的种种困难。这些故事也成了本章研究分析的原始资料。

（三）二手资料

本章研究搜集的二手资料的来源主要有：企业网站、企业年报、研究文献、档案文件和媒体报道等。

联想集团相关资料的收集主要包括以下四个环节。第一，通过联想集团的官方网站了解联想集团的国际化历程和企业治理的基本情况。第二，在香港证券交易所网站查询联想集团2004~2015年年报，获取联想集团在国际化过程中企业治理和财务相关数据。第三，在CNKI数据库文献总库检索，使用"联想集团国际化""联想集团并购""联想公司治理"等关键词检索与联想集团国际化和联想集团并购相关的学术文献，包括博士学位论文2篇、硕士学位论文32篇、期刊文献134篇。第四，通过百度、必应等搜索引擎搜索相关网络媒体报道中与联想集团跨国经营相关的信息。

档案记录的收集主要包括三个环节。第一，查阅联想集团国际化发展情况介绍和企业内部的高层讲话资料。第二，查阅联想集团跨国并购的相关新闻报道，包括各大主流报纸的新闻报道、出版的著作[1]、主流媒体的采访等。第三，查阅比较权威的机构所做的与联想集团国际化有关的中国企业国际化的调研报告等。

四 案例研究方法中数据分析的方法

通过访谈、观察和档案资料收集数据并进行整理，对其进行分析和编码（Miles and Huberman，1984）。本研究采用两个研究小组背对背进行编码，每个小组包括三名成员，以确保数据分析过程的信度。首先，将收集的完整的访谈录音整理成文字材料，然后将整理好的访谈文字材料、调研材料和其他的二手材料进行整理和预编码。其次，将预编码的材料进行两组对比，将对比一致的进行正式编码。再次，从原始定性资料中找出与研究主题相关的材料，归纳到概念层面，并对原始资料进行简要提炼和概括。

---

[1] 主要参考了两本有关联想集团的著作，一本是联想集团高级副总裁乔建和联想集团首席多元化官康友兰合著的《东方遇到西方：联想国际化之路》（机械工业出版社，2015）。另一本是李洪谷写的《联想涅槃》（中信出版社，2015）。

最后，对于编码有争议的地方需要再次讨论，直到达成一致。至此，编码完成。

在对资料进行编码的过程中，需用将与研究主题相关的案例资料归纳到概念层面。因此，需要将这些概念性的表述进行归类并划分到与本书相关的构念，它们均来自文献和理论。本章对相关构念、变量和测量指标进行了整理，结果如表6-2所示。

表6-2 案例分析的构念、变量及测量指标

构念名称	变量名称	测量指标
外部环境	制度环境	国家管制环境、政策支持
	经济环境	国际经济发展水平
	竞争环境	市场环境和行业环境
董事会资本	行业经验	董事会成员中具有丰富行业经验的董事会成员所占的比例
	国际化经验	外籍董事的比例、具有一年以上海外学习经历的董事比例或具有一年以上海外工作经历的董事比例
	专家角色	董事会中身为律师、银行家、金融投资专家、保险公司或公共关系专家和学者的外部董事所占的比例
	连锁董事	董事会成员中担任其他企业董事的内部董事和外部董事所占的比例
	政治关联	董事会中具有政治背景，具体指是人大、政协委员或者曾在政府相关部门（工商联、青联、妇联等）任职的董事所占的比例
国际化战略	制度层战略	对外销售占比
	企业层战略	合理的董事会结构和高管结构
	经营层战略	与治理结构匹配的机制

基于以上方法，本章研究以关键事件法作为采集和分析定性资料的主要工具。在资料归纳和分析方面主要采用编码和归类的方法对资料进行分析和整理。在编码时，初步构建的概念模型及所涉及的主题和操作化构念均为参考依据。

第三节 联想集团跨国经营的案例描述

一 联想集团案例简介

联想集团成立于 1984 年,主要生产个人电脑、商用电脑、服务器和移动设备等 IT 设备。2013 年联想集团电脑销售量升居世界第一,成为全球最大的 PC 生产厂商。联想集团于 2004 年 12 月 7 日与 IBM 签订了资产购买协议以并购 IBM 的 PC 事业部,获得了 IBM 公司 Thinkpad 品牌、PC 核心技术、PC 技术研发团队以及国际化的管理团队等资源,这对联想集团的国际化起到了至关重要的作用。随后,联想集团并购了日本的 NEC、德国的 Median、IBM 的 X86 服务器等。

联想集团设立双总部,一个设在中国,另一个设在美国,同步运营。联想集团已经是全世界 PC 市场最大的企业,主要研发、制造和销售最优质的电脑和服务器,提供最专业的服务、最可靠的和最安全的技术产品,帮助全世界的个人消费者、商业用户以及合作伙伴实现价值。该集团利润情况见图 6-2。

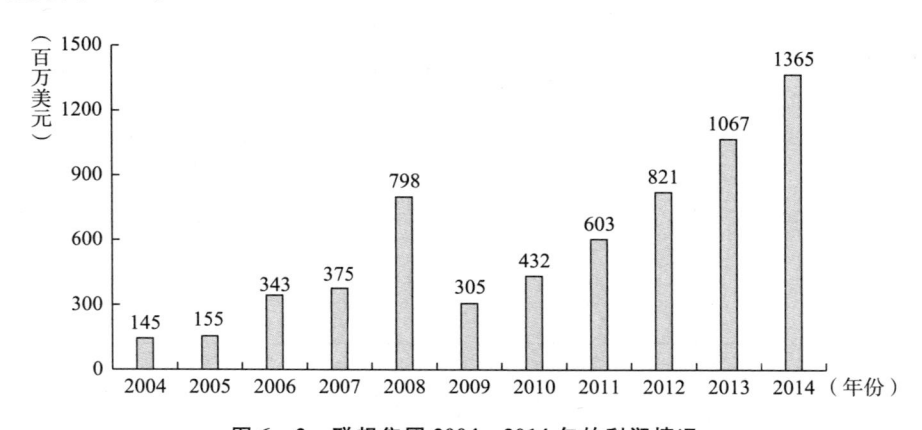

图 6-2 联想集团 2004~2014 年的利润情况

资料来源:笔者整理。

根据美国《财富》杂志公布的 2015 年度全球企业 500 强排行榜,联想集团排名第 231 位,年收入 462.96 亿美元,连续两年蝉联世界第一大个人

第六章 跨国公司董事会资本与国际化战略关系的演化机制

电脑厂商，同时在智能手机、平板电脑和服务器领域成为全球第三。

2004~2014年联想集团在跨国经营进程中经历的重要事件见表6-3。

表6-3 联想集团2004~2014年跨国经营进程中的重要事件

年份	重要事件
2004	成为中国第一家国际奥委会全球合作伙伴
2005	并购美国IBM的PC事业部，进军全球PC市场
2009	以2亿美元回购Lenovo的Mobile业务
2011	以2.31亿欧元收购德国电子厂商Median36.66%的股份，交易完成，在德国市场的份额扩大一倍，成为第三大厂商
2011	与日本NEC宣布成立合资企业，共同组建最大的日本个人电脑企业
2012	收购巴西个人电脑和消费电子行业重要企业CCE公司
2012	与美国EMC合作，组建合资企业，联想集团占51%，EMC占49%，提高自身在行业标准服务器和网络存储解决方案领域的地位
2012	收购美国云计算软件开发企业Stoneware，增强联想"PC+产品"的实力，布局云计算服务业务
2014	以29亿美元从谷歌收购摩托罗拉移动智能手机业务
2014	以23亿美元收购IBM公司的X86服务器业务

资料来源：笔者整理。

二 联想集团董事会资本和国际化战略的形成过程

依据联想集团董事长和CEO的变更，可以将联想集团的国际化过程划分为四个阶段（见图6-3）。

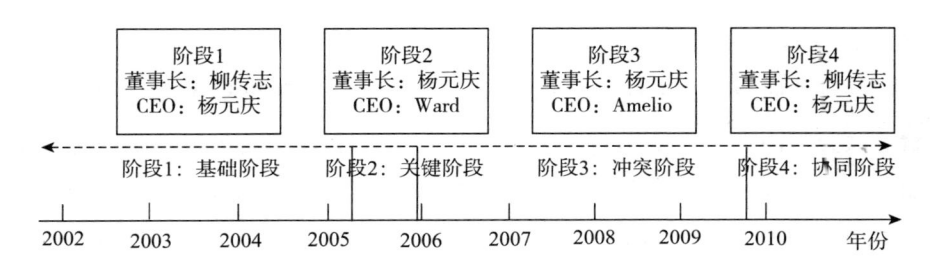

图6-3 联想集团的国际化战略发展阶段

资料来源：笔者整理。

（1）基础阶段：2005年4月30日之前。划分依据为联想并购IBM的PC事业部获得美国正式批准。该阶段联想集团已经为实施国际化战略奠定了基础，实施了股权制度改革，启用新的品牌logo，在国内市场份额中已经占据市场第一。因此，联想集团提出以国内市场为主，实施国际化战略。

（2）关键阶段：联想集团并购IBM的PC事业部以后，第一任CEO Stephen M. Ward的任职期间。新联想从一家国内企业变为一家跨国公司，处于治理结构变化、业务调整、文化融合等的关键阶段。时间为2005年4月30日至2005年12月20日。该阶段的企业治理结构中董事长为杨元庆，CEO为Stephen M. Ward。

（3）冲突阶段：以新联想第二任CEO William J. Amelio的任职期间为依据。经过了第一任CEO的过渡阶段，新联想需要进行一系列的战略调整，建立全球供应链，降低整体运营成本，提高集团的跨国治理能力，进而提升集团的竞争力。这个过程中不可避免发生中方高管与国外高管，由于语言、文化、沟通方式等方面的问题，产生激烈的冲突，本质是治理机制不同。时间为2005年12月20日至2009年9月2日。该阶段联想集团的CEO换为曾在Dell公司工作过的William J. Amelio，董事长为杨元庆。

（4）协同阶段：2009年9月2日至今。新联想的董事会和CEO的调整和企业治理机制的完善，为联想集团全球战略的实施提供了制度保障，新联想全球国际化战略已经形成。该阶段的企业治理结构中董事长为柳传志、CEO为杨元庆。该阶段的主要任务是全面展开"双拳"战略，在全球范围内布局，国际化绩效显著提升。

（一）基础阶段

联想集团成为一家国际化的跨国公司的前提是联想集团要进行跨国经营。联想集团在进行跨国经营之前，进行了一系列的变革，主要包括早期的产权制度变革、业务发展与组织结构变革以及国际化战略的提出等。

（1）早期的产权制度改革为联想集团的跨国经营奠定了制度基础。在该阶段，联想集团经历了两次重要产权制度改革：第一次改革，中科院将分红权分给企业董事会及高管团队，激励管理层，为联想集团的长远发展奠定了基础；第二次产权制度改革建立了联想集团现代化企业制度，为联想集团的国际化发展奠定了基础。

（2）国际化战略的提出是联想集团跨国经营的重要前提。联想集团于2002年启动TOP计划。2003年将品牌换成Lenovo，为实现国际化奠定了基础，并提出愿景、业务的重点以及业务模式。联想集团提出的双模式业务结构——T模式（Transaction，交易，对应消费者直接"交易"）和R模式（Relation关系，与大客户建立"关系"），旨在提高企业的整体运营效率。同时，提出国际化优先于多元化的战略，为进军国际市场、进行跨国经营奠定了基础。

（3）联想集团国际化战略实施的关键环节是并购IBM的PC事业部。在并购完成之前，通过国际中介机构做了充分调查和谈判。2003年底，联想集团聘请麦肯锡作为战略顾问开始对IBM公司的PC业务进行细致的尽职调查，对联想集团成功并购IBM的PC事业部做出了贡献。

（二）关键阶段

联想集团于2005年并购IBM的PC事业部，使得组织结构发生了重大变化，并购以后将原有业务和IBM的PC业务在全球范围内整合在一起，形成统一的全新组织架构。新的组织架构于2005年10月15日生效。联想集团并购IBM的PC事业部以后，首先对高层组织结构进行整合。杨元庆任新联想董事长、Stephen M. Ward担任新联想CEO职位。

财务投资者GA公司乐意投入联想集团的并购项目，但是希望保持新联想过渡时期的稳定，而保持稳定莫过于让被并购企业的管理者出任CEO，况且对方还是IBM，这是他们的建议。联想集团的董事会也对企业管理层能否驾驭一家国际企业心存疑虑，这个时候，选择让杨元庆坐在"副驾驶"的位置上学习如何成为国际企业的CEO，是正确的选择。于是，柳传志做出了从董事长职位退下来成为普通董事而改由杨元庆出任董事长的决定。IBM的CEO彭明盛选择让Stephen M. Ward任CEO，他的解释如下：

> 我认为我们首先要留住顾客。我们要打出这个品牌，沃德（Stephen M. Ward）和我们的顾客有紧密的联系。在最初的两年，新联想需要一个能够留得住顾客的人。得有顾客，没有顾客的话，全世界的供

应链都给你也没有用。我们必须留得住顾客。我必须说服柳传志和杨元庆选择一个能够留得住客户的人。沃德在全世界都有客户关系。也有持不同意见的人，说沃德不是很强势的领导，这也许是真的。他负责 Thinkpad 的销售而不是研发。但是最初我们需要能够留住顾客的人，而不是能够设计产品的人。

为了业务和企业文化能够尽快融合，减少文化差异，增加交流，新联想采取了一系列的举措。（1）原联想自身的调整。尽管原联想拥有和世界一流企业接轨的文化氛围，但是与有着独特企业文化的国际知名企业 IBM 相比，还相对不成熟，在企业国际化经验方面还有所不足。（2）新联想设置双总部，采用英语作为企业的官方语言以便各方更好地沟通。

（三）冲突阶段

在完成组织整合之后，新联想的业务流程重组越来越迫切，新联想需要降低整个供应链上的成本，以保证盈利能力。新联想的国外董事 James G. Coulter（代表 TPG 董事）和 William O. Grabe（代表 GA 董事）认为联想集团需要进行全面业务整合。Dell 亚太区总裁 William J. Amelio 是 TPG 人才库的专才。因此，Amelio 被任命为新联想的 CEO，而杨元庆继续担任董事长。但是新联想第二任 CEO 依然坚持以企业客户为主，不关注个人消费市场，并且卖掉了手机移动终端业务，忽略了行业环境发生的变化，最终导致 2008/2009 财年亏损 2.26 亿元。

该阶段的联想集团国际化绩效提升的主要方式有以下几种。（1）高管团队人员调整。Amelio 成为联想集团的 CEO 之后，迅速搭建了一个很私人化的高管团队（如表 6-4 所示）。（2）进行业务流程重组，压缩成本，打造全球供应链。Amelio 担任 CEO 期间，联想集团裁员 30%，而这些员工，70% 是 IBM 在北美与欧洲高成本国家的员工。联想集团与 IBM 的 PC 业务协同效应的发挥，前提是成本的控制与生产、制造结构性转移。Amelio 不仅启动了这个项目，而且基本上完成了全球布局。同时，Amelio 还推动了一件对任何全球性企业都至关重要的工作——供应链改造，主要由 Gerry Smith 来完成。（3）设置首席多元化官。2007 年 1 月来自 Dell 的康友兰（Yolanda

Lee Conyers) 担任联想集团的首席多元化官,主要负责深入研究联想集团中西方不同文化的团队成员的个体特征,解决团队成员文化冲突、沟通不畅等问题,让企业所有人都向着共同目标努力,同时尊重团队成员的个体差异,以帮助联想集团的领导团队获得东西方团队整合的最佳策略。联想集团是第一家设立"首席多元化官"职务的中国企业。

表6-4 威廉·阿梅里奥(William J. Amelio)组建的联想集团高管团队

姓名	担任职务	加入时间	曾任职务(或简介)
Gerry Smith	担任全球供应链高级副总裁,负责集团全球采购、物流、供应链规划及制造运营等	2006年8月加入联想集团	曾任 Dell 显示器业务部副总裁
David Schmoock	担任卓越中心高级副总裁,负责监督卓越中心的运作,包括关键业务、客户活动及库存管理	2006年8月加入联想集团	曾任 Dell 亚太/日本区营销副总裁
David Miller	担任高级副总裁及亚太区总裁	2006年8月加入联想集团	曾任 Dell 中国区总裁
Christopher J. Askew	全球服务高级副总裁	2006年8月加入联想集团	曾任 Dell Services 亚太/日本区副总裁,在服务业务方面拥有丰富的经验
Rory Read	运营高级副总裁,2007年担任美洲区总裁	2006年8月加入联想集团	来自 IBM
Kenneth DiPietro	担任人力资源高级副总裁	2006年8月加入联想集团	曾任职 Dell/微软,在人力资源及组织发展方面拥有丰富经验

资料来源:笔者整理。

(四) 协同阶段

在冲突阶段,由于宏观经济因素以及 CEO Amelio 作为职业经理人的短期行为,联想集团业绩下滑,以柳传志为主的董事会,决定更换掉 Amelio,让杨元庆重新担任 CEO,让柳传志重新担任董事长。为应对 PC 行业的环境变化以及移动互联网带来的行业变化,新联想开始在全球实施"双拳"战略,即 Lenovo 防守、Thinkpad 进攻。随着移动互联网的兴起,以及成功并购了美国 IBM 的 Thinkpad 笔记本、X86 中小型服务器、MOTO 手机、德国第二大电子厂 Median 工厂、日本 NEC 电子等,联想集团完成了对全球的布局。

第四节 联想集团跨国经营的案例发现

一 企业环境、董事会资本与国际化战略关系的构建

前文理论部分提出了企业环境、董事会资本与国际化战略关系的理论框架。随着外部环境的变化，企业董事会结构发生变化，以适应国际化战略的需求，从而促进企业董事会资本与国际化战略关系的形成。根据该理论框架对联想集团国际化战略形成的四个关键阶段，进行案例分析。

（一）基础阶段：股权改革和"主人式的治理模式"

该阶段联想集团所处的外部环境如下。第一，正值我国国有企业改革时期，朱镕基总理（1998～2002年）提出"抓大放小"的国有企业改革指导方针，紧密关注国有大中型企业，让规模较小的国有企业参与市场竞争。联想集团当时作为中科院的附属企业，属于规模较小的国有企业。在这种政策方针指导下，联想集团进行了股权改革，使得股权结构清晰，完善了企业产权制度，这是联想集团国际化扩张的第一步。第二，我国加入WTO，在PC行业，国内市场面临国外知名品牌和国内产品的激烈竞争，同时PC产品技术发展迅速，市场变化快，产品生命周期不断缩短，产品品种大幅度增加。

在基础阶段，联想集团以柳传志为董事长的董事会和以杨元庆为CEO的高管团队，面对国内PC市场的激烈竞争以及PC行业技术发展变化快的特征，为了企业的长远发展，进行了股权改革，使得企业的股权清晰化，建立和完善了现代企业制度。而联想集团董事长推行的"主人式的治理模式"，即通过股权激励使得CEO和高管团队的核心成员持有股权，成为集团的"主人"，从很大程度上激励了CEO和高管团队为企业的长远发展而努力。

该阶段联想集团董事会基本构成为：规模为7位，其中内部执行董事3位、非执行董事1位、独立董事3位。在PC行业有丰富经验的董事会成员有4位，有国际化经验的董事会成员有1位，具有外部支持专家角色的外部董事有2位，担任连锁董事的董事会成员有5位，具有政治关联的董事有2

位。董事会成员具有丰富的行业经验和连锁董事网络,缺乏有国际化经验的董事。

因此,联想集团的董事会及 CEO 面对国内 PC 行业环境,为了企业的长远发展,提出了企业的国际化战略,包含制度层战略、企业层战略和经营层战略,旨在将联想打造为一家国际化的企业。

该阶段董事会资本和国际化战略的特征见表 6-5。

表 6-5 联想集团基础阶段的董事会资本和国际化战略的特征

构念	测量变量	证据（典型援引）	编码
外部环境	制度环境	正值我国国有企业改革时期（1998~2002 年）,国家提出国有企业改革"抓大放小"的指导原则	IE1
	经济环境	2001 年我国正式加入 WTO,实施"引进来"和"走出去"经济建设战略,外资企业进入我国	EE1
	竞争环境	面临 IBM、Dell、HP 等国外知名品牌竞争,和清华同方、方正等国产品牌竞争;国内笔记本市场仍然以 IBM、HP、Toshiba 等国外品牌为主导,其销量远高于国内品牌	CE1
董事会资本	行业经验	4 位董事会成员在 PC 行业有丰富的经验	IND1
	国际化经验	1 位董事会成员具有国际化经验	INE1
	专家角色	2 位外部支持专家	OSD1
	连锁董事	5 位董事会成员担任连锁董事	ILD1
	政治关联	2 位董事会成员担任全国人大代表	PCT1
企业战略	制度层战略	联想集团的愿景——高科技的联想、服务的联想和国际化的联想;联想董事长柳传志提出"打造一家由中国人掌控的全球化公司"	IS1
	企业层战略	专注于核心业务——个人电脑及相关产品业务,重点发展业务——移动通信设备,保证资源投入与业务重点相匹配	CS1
	经营层战略	面对市场环境的迅速变化,建立更具客户导向的业务模式,即双模式业务结构:T 模式和 R 模式	BS1

资料来源:笔者整理。

通过以上分析发现,在外部环境的推动下,企业战略的决策者 CEO 及其高管层,在董事会的建议和辅助下,提出了国际化优先多元化的发展战略。该阶段是联想集团国际化战略形成的基础阶段,所进行的股权改革和股权激励措施，是联想集团国际化的前提。

联想集团的"主人式治理模式"，本质上就是管家理论的体现，管家理论的基本假设为管理层作为组织值得信任的个体和管家，代表组织和股东的最佳利益（Fox and Hamilton，1994；Davis，Schoorman and Donaldson，1997）。该理论视角主要强调董事会的服务和建议作用。

通过以上分析，本书提出如下命题。

命题1：在基础阶段，企业董事会和CEO面临国有企业变革和国内市场激烈竞争的环境，企业产权清晰和完善的治理机制推动了企业国际化战略的提出，是企业国际化运营的前提。

（二）关键阶段：国际化董事会的形成

在基础阶段，联想集团在国内市场不仅面临同行业PC商家的激烈竞争，同时还面临国外知名PC品牌的竞争。在这种环境下，联想集团提出了国际化战略。然而，现有的高管团队和董事会资源，不能够满足企业国际化战略的需求。因此，为了实现战略转型，联想集团需要并购一家具有国际化经验、技术资源和知名品牌的企业，IBM的PC事业部符合联想集团的需求。因此，联想集团实施了通往国际化市场最关键的一步，就是并购IBM的PC事业部，用以弥补自身在国际化管理团队、国际化经验和技术资源等方面的短板。本书将联想集团并购IBM的PC事业部界定为联想集团国际化战略关键阶段的起点，主要原因不仅仅是它获得了国际化的品牌和市场，更重要的是它通过并购获得了国际化的董事会和高管团队。

在关键阶段，联想集团既面临全球PC行业竞争，同时在内部也面临业务调整，以保留员工和全球客户。因此，外部环境的变化，引起新联想跨国治理结构的调整，尤其是董事会构成。在新联想董事会构成中，CEO为原IBM高管中负责PC事业部的副总裁Stephen M. Ward，董事会规模为12名，外籍董事与国内董事的比例为7:5，董事会主要由具有丰富经验的行业专家、法律专家、财务和投资专家构成，是一支国际化的董事会团队，具有丰富的人力资本。另外，董事会成员中有7名董事担任多家跨国公司的董事或高级管理职位，具有丰富的社会资源；在高管团队中，外籍高管与国内高管的比例为9∶7，其中的外籍高管基本都是原IBM PC事业部的高管团队成员，具有丰富的行业经验和国际化经验。

因此，董事会构成的改变，为联想集团带来了国际化的资源，即人力资本和社会资本，为联想集团国际化的决策提供了支持和服务。根据前期收集的访谈资料、档案资料、内部文件和刊物等对关键阶段企业环境、董事会资本和国际化战略及其构成要素进行编码，结果见表6-6。

表6-6 联想集团关键阶段的董事会资本和国际化战略的特征

构念	测量变量	证据（典型援引）	编码
外部环境	制度环境	我国出台了一系列政策法规支持和促进企业的对外直接投资活动，我国政府对企业的对外投资活动的角色，从"管制者"转变为"引导者"	IE2
	经济环境	我国经济增长迅速，继续实施"引进来"和"走出去"经济建设战略	EE2
	竞争环境	并购IBM的PC业务之后，新联想内外部环境发生重大变化，外部面临Dell、HP等品牌的全球市场竞争，同时，新联想还面临原IBM PC全球客户、供应商和合作伙伴的认可挑战	CE2
董事会资本	行业经验	6位董事会成员在PC行业有丰富的经验	IND2
	国际化经验	5位外籍董事成员，1名董事有在跨国公司工作的经验	INE2
	专家角色	6位外部支持专家	OSD2
	连锁董事	10位董事会成员担任连锁董事	ILD2
	政治关联	1位董事会成员担任全国人大代表	PCT2
企业战略	制度层战略	联想集团的愿景为高科技的联想、服务的联想和国际化的联想；通过并购完成国际化的联想的第一步	IS2
	企业层战略	专注于核心业务，采用双总部运营，初步整合原联想和IBM PC事业部的资源	CS2
	经营层战略	并购后整合业务流程，保障全球客户不流失，调整组织架构和治理结构，以适应新的战略	BS2

资料来源：笔者整理。

通过以上分析发现，在国家对外投资并购政策的支持下，联想集团董事会通过跨国并购的方式，获得了国外企业的人才、技术和品牌，尤其是获得了具有丰富国际化经验和行业经验的董事会团队和高管团队，保障了自身在关键阶段战略目标的实现，初步形成了国际化战略。

通过以上分析，本章提出如下命题。

命题2：在关键阶段，企业面临外部制度、经济和竞争环境的转变，通过跨国并购的方式获得了国际化董事团队，从而形成了董事会资本与国际化战略的初步匹配，以顺利实施国际化战略。

(三) 冲突阶段：董事会资本与国际化战略的初步匹配

在关键阶段之后，新联想为了保持企业的平稳过渡以适应新的环境，一直保持"一个公司，两套体系"，只是在治理结构上保持了融合，在具体业务、治理机制方面，变化不大，并没有完全发挥两个企业各自的优势。然而，新联想面对全球同行业的激烈竞争，迫切需要进行全球业务调整，降低成本，实现协同效应。

为了应对全球激烈的竞争环境和实施全球供应链整合的战略，新联想董事会，为企业聘任第二任CEO William J. Amelio，他曾是PC行业供应链整合做得最好的Dell公司的亚太区总裁。新上任的CEO为达成战略目标，迅速组建了一个很私人化的高管团队进行供应链改造，团队中大部分人来自Dell，由此引发了联想集团高管团队结构的调整和优化。

比较强势的William J. Amelio在组建高管团队的过程中，辞退了原联想的高管，引发了以William J. Amelio代表的"职业经理人"为特征的治理机制和以董事长杨元庆代表的"主人企业"为特征的治理机制的冲突。新联想为解决这种冲突，设置了首席多元化官这一职位，目的是在新联想内打造一个"联合国"，解决来自中国的高管与外籍高管团队成员的文化冲突、沟通不畅等问题，使他们形成合力，共同实现企业的战略目标。在这个过程中，学习机制是动力，以杨元庆为代表的中方高管人员，需要继续坐在"副驾驶"的位置上学习国际化的管理经验。根据前期收集的访谈资料、档案资料、内部文件和刊物等对冲突阶段企业环境、董事会资本和国际化战略及其构成要素进行编码，结果如表6-7所示。

表 6-7　联想集团冲突阶段的董事会资本和国际化战略的特征

构念	测量变量	证据（典型援引）	编码
外部环境	制度环境	我国出台了一系列政策法规支持和促进企业对外直接投资活动，实施"走出去"战略	IE3
	经济环境	2008年国际金融危机席卷全球，全球经济增速减缓，全球对外投资下降	EE3
	竞争环境	2006年开始行业环境发生变化，其标志是移动互联网的出现，IT产业消费化，之前IT产业作为一种生产工具支持企业生产效率提升，现在全球个人PC数量大幅增长，在市场份额上超过企业PC。面临宏基、Dell、东芝、HP等全球PC厂商的激烈竞争	CE3
董事会资本	行业经验	6位董事会成员在PC行业有丰富的经验	IND3
	国际化经验	5位外籍董事成员，1名董事有在跨国公司工作的经验	INE3
	专家角色	6位外部支持专家	OSD3
	连锁董事	10位董事会成员担任连锁董事	ILD3
	政治关联	1位董事会成员担任全国人大代表	PCT3
企业战略	制度层战略	打造全球品牌，将联想打造成全球值得信赖的知名品牌；建立以信任为本、以业绩为导向的企业文化	IS3
	企业层战略	联想集团自身需要进行全球性框架的搭建，进行成本转移和供应链改造，降低供应链成本，进行全球业务布局；确立消费计算机、工作站和服务器以及新兴市场为三大重点业务，并在重点业务上取胜	CS3
	经营层战略	全球推行交易模式（即T模式）、拓展关系模式（即R模式）；追求卓越的运营效率，持续降低运营成本；建立紧密的客户关系	BS3

资料来源：笔者整理。

通过以上分析发现，联想集团面临全球PC行业的竞争，已经初步形成的国际化董事会团队，需要完成整合全球供应链、降低运营成本实现协同效应的目标，需要聘请新的CEO完成制定的企业战略。因此，CEO特征，尤其是CEO权力、CEO领导风格等特征会影响企业战略的实施。

通过以上分析，本书提出以下命题。

命题3：在冲突阶段，为了应对国际市场竞争环境和实施企业战略，已经形成的国际化董事会，利用其国际化的人才资源，选聘合适的 CEO 完成企业战略，进而推动提高企业的国际化绩效。

（四）协同阶段：董事会资本与国际化战略的协同

在协同阶段，由于全球 PC 行业环境发生了变化，PC 用户主体从商业用户转变为个人用户，个人用户需求剧增，而新联想的第二任 CEO 仍然坚持以商业用户为主，忽略了个人用户市场，与董事会的战略发展方向不符。同时，2008 年的国际金融危机也影响了企业的业绩，因此，联想集团董事会决定换掉第二任 CEO。该阶段，联想集团启动了全球战略布局，为了落实企业战略和适应外部环境，联想集团重新让杨元庆担任 CEO，结束坐在"副驾驶"学习的阶段，真正掌控新联想。与第一阶段不同的是，联想集团此时已经形成了稳定的国际化董事会团队和高管团队，已经成长为一家国际化的企业。同时，多元化的企业文化的形成使得"主人企业"的治理机制保障了联想集团董事会资本与国际化战略的匹配和协同，是联想集团战略目标实现的制度保障，也是联想集团国际化战略实施的重要标志。

根据前期收集的访谈资料、档案资料、内部文件和刊物等对协同阶段企业环境、董事会资本和国际化战略及其构成要素进行编码，结果见表 6-8。

表 6-8　联想集团协同阶段的董事会资本和国际化战略的特征

构念	测量变量	证据（典型援引）	编码
外部环境	制度环境	我国出台了一系列政策法规支持和促进企业的对外直接投资活动，出台了《对外投资国别产业指引》《关于鼓励支持和引导非公有制企业对外直接投资合作的若干意见》等政策和规范	IE4
	经济环境	国际金融危机后，经济环境恶化	EE4
	竞争环境	PC 行业正在完成从企业 PC 往个人 PC 的过渡，上网本的迅速崛起是个人 PC 全面崛起的标志，上网本价格低廉；全球企业 PC 市场萎缩 20%，而消费 PC 业务增长 20%	CE4
董事会资本	行业经验	7 位董事会成员在 PC 行业有丰富的经验	IND4
	国际化经验	4 位外籍董事成员，1 名董事有在跨国公司工作的经验	INE4
	专家角色	6 位外部支持专家	OSD4

续表

构念	测量变量	证据（典型援引）	编码
董事会资本	连锁董事	11位董事会成员担任连锁董事	ILD4
	政治关联	1位董事会成员担任全国人大代表	PCT4
企业战略	制度层战略	致力于生产节能和环保的产品，致力于领先的创新能力和制胜的企业文化	IS4
	企业层战略	战略重点是稳定集团业务，抓住关键的市场机会，获得增长；加强全球商用业务，拓展新兴市场	CS4
	经营层战略	建立可持续的交易业务模式；联想集团的双业务模式就是根据客户需要及市场细分而制定其产品、服务及业务流程，对市场动态和变化做出迅速回应	BS4

资料来源：笔者整理。

通过以上分析发现，新联想董事会在面临全球多变的经济环境和行业环境时，通过内部的治理机制，保障了董事会资本与国际化战略的匹配与协同。

通过以上分析，本章提出以下命题。

命题4：在协同阶段，企业董事会面临复杂多变的经济环境和行业环境，建立合适的治理机制，优化董事会团队的结构，保障董事会资本与国际化战略实施的匹配，进一步提高跨国公司董事会治理的有效性。

二 企业环境、董事会资本与国际化战略关系的演化模型

根据联想集团国际化四阶段的案例分析，总结联想集团企业环境、董事会资本与国际化战略关系的演化模型（如图6-4所示）。在基础阶段、关键阶段、冲突阶段和协同阶段四个阶段，由于企业面临的外部环境不断变化，董事会资本和国际化战略的关系发生变化，且在每个阶段，董事会资本和国际化战略的匹配状况及层次各不相同。

在基础阶段，联想集团面临国家支持对外投资的政策环境和激烈竞争的国内PC行业环境，在股权改革和内部治理模式的激励下，董事会与CEO

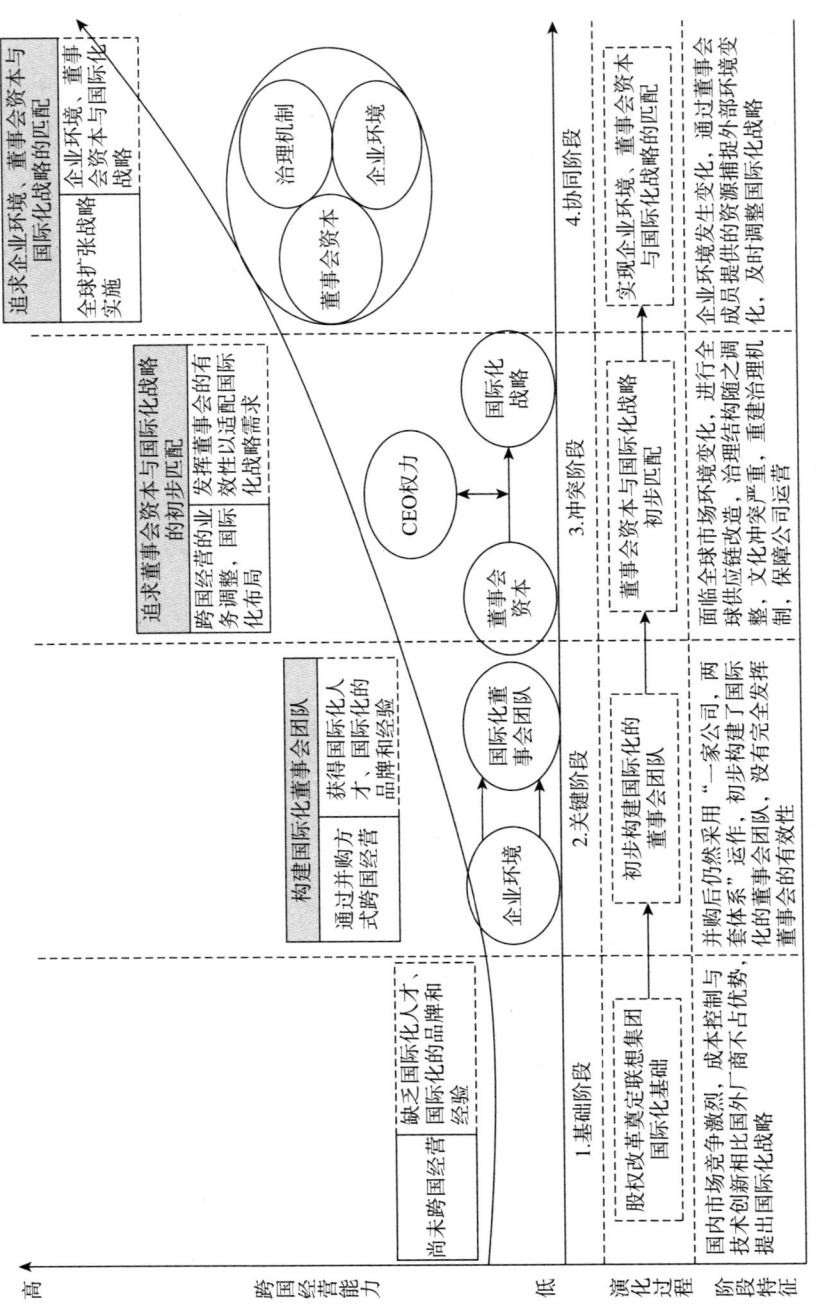

图 6-4 联想集团企业环境、董事会资本与国际化战略关系的演化模型

资料来源：笔者整理。

及其高管团队提出国际化战略。在该阶段，虽然联想集团没有进行国际化运营，但是联想集团的董事会已经从外部环境的变化，尤其是国内外 PC 厂商的激烈竞争中判断，企业必须"走出去"，进行国际化运营。

在关键阶段，联想集团通过跨国并购初步获取了国际化管理团队、技术资源和品牌，尤其是初步建立了一个国际化的董事会。跨国并购完成以后，面临全球环境的变化，尤其是面临全球客户、供应商和合作伙伴的认可挑战，新联想的董事会及其高管团队需要在该阶段顺利完成两家企业内部组织架构、业务等的初步整合，以完成企业的战略。

在冲突阶段，联想集团面临全球环境变化，需要进行全球业务调整，降低成本，改造供应链。因此，初步形成的国际化董事会利用外部非执行董事的资源，在其全球的人才库中，选聘合适的 CEO 完成企业的战略。然而，由于文化差异、沟通不畅和 CEO 领导风格等，董事会与新聘任的 CEO 在国际化战略实施过程中产生冲突。因此，需要建立解决上述问题的治理机制，治理机制是国际化的董事会与国际化战略相互匹配的保障。

在协同阶段，联想集团已经经历了基础、关键和冲突三个阶段，已经基本形成董事会资本和国际化战略的匹配机制，完成了 CEO 和高管团队成员坐在"副驾驶"的国际化经验学习与积累过程，已经形成企业环境、董事会资本与国际化战略匹配和协同的格局，共同推动了国际化绩效的提升。

第五节　研究结论与贡献

一　研究结论

本章从动态视角，通过对联想集团国际化发展的四个阶段进行分析，得出以下结论。

（1）在联想集团国际化过程的基础阶段，企业主要在国内经营，外部环境相对稳定。外部的制度环境发生变化，政府推进国有企业改革，颁布相关政策鼓励企业"走出去"。而国内的 PC 行业，由于国外知名 PC 厂商的进入，市场竞争激烈。具有丰富经验的董事会成员，通过政治关联和行业经验，敏锐地把握到外部的环境变化，提出联想集团的制度层战略，即

"高科技的联想、服务的联想和国际化的联想"。按照本书的观点，董事会的这些资源帮助明确了联想集团的发展方向，改善了政府机构、公众和利益相关者对联想集团的形象。

（2）相反，在联想集团的关键阶段，外部环境发生剧烈变化，由国内环境转移到全球环境。联想集团跨国并购了 IBM 的 PC 事业部，建立了国际化的董事会团队和高管团队。新联想要面对全球的制度环境、经济环境和竞争环境，环境发生巨大变化。董事会需要通过 CEO 及其高管团队完成企业经营层战略调整。除此之外，董事会，尤其是外部董事需要为企业的战略变化提供外部环境的信息、资源和知识。

（3）在冲突阶段，已经建立的国际化的董事会面临全球激烈竞争的 PC 行业环境、复杂多变的经济环境和东道国制度环境，需要选聘新的 CEO 对联想集团的全球供应链进行整合。为了找到合适的 CEO，外部非执行董事利用其全球人才库的资源，聘任了擅长供应链管理的 Dell 亚太区前总裁担任 CEO。这是外部非执行董事带来的资源，充分发挥了国际化董事会的资源优势。该阶段奠定了联想集团成功发展的基础，实现了董事会资本与国际化战略的初步匹配。

（4）在协同阶段，联想集团已经组建了成熟的董事会团队，能够敏锐地把握外部环境的变化，为企业的国际化战略提供有效的监督、控制，服务和资源提供职能，能够充分发挥董事会治理的有效性，实现了企业环境、董事会资本和国际化战略的匹配与协同。

二 研究贡献

本章基于动态匹配视角，从资源依赖理论角度出发，通过案例研究的方法，探讨联想集团董事会资本与国际化战略关系的演化机制，为我国企业在跨国经营过程中改善和提升董事会治理有效性提供了重要的理论借鉴和实践参考。

（1）本章的案例分析阐述了四个阶段不同的外部环境、四个阶段不同的董事会资本，以及不同的董事会资本和企业所采取的国际化战略的联结。这种互动关系表明了资源依赖理论的基本原则，即董事会根据外部环境条件的变化做出选择。另外，本章的研究也发现董事会提供的资源会随着企业所采取的战略变化而发生变化。

（2）从新兴经济体跨国公司视角，分析了新兴经济体企业董事会资本与国际化战略关系的演化过程和机理。本书推导出的演化模型具有重大的理论意义，它描述了不同于发达经济体企业的跨国公司在跨国经营过程中董事会资本的形成过程，对于其他新兴经济体企业的跨国经营有重大的参考价值。通过探析匹配层次及匹配内容，以及企业环境、董事会资本和国际化战略的关系，本章揭示了新兴经济体企业如何在跨国经营过程中发挥董事会治理的有效性，进而在国际市场上获得竞争优势。

（3）将代理理论与管家理论置于同一分析框架中，丰富了代理理论和管家理论。通过对联想集团的国际化战略演化案例进行分析，发现董事长柳传志提出的"主人企业"治理模式，在联想集团国际化过程中，尤其是在联想集团跨国治理能力形成的第三阶段冲突阶段与美国"职业经理人"的治理模式产生了严重的冲突，然而在第四阶段这种冲突得到了解决，从而实现了两种治理模式的融合与统一，促进了联想集团跨国治理能力的全面提升。

本质上，"主人企业"治理模式是企业治理理论中管家理论的体现。管家理论基于集体主义和合作主义的假设，认为董事会与CEO利益完全一致，且CEO有内在成就动机，两者之间应发展出一种相互合作、完全信任的关系，董事会可以通过尽可能多地授权企业管理者进行决策（Davis, Schoorman and Donaldson, 1997）。而"职业经理人"治理模式是代理理论的体现。代理理论基于个人主义和机会主义的假设，认为一旦有机会，CEO（包括高管）便会损害股东利益而追求自身效用最大化（Jensen and Meckling, 1976），体现了为防止管理人员侵害所有者财富而引入独立董事制度等机制以实施严格控制的精神（Eisenhardt, 1989a）。因此，本书通过对联想集团案例的研究，将代理理论和管家理论置于同一分析框架中，丰富了代理理论和管家理论。

第七章

河南航投跨国并购卢森堡货航股权案例分析

党的十八届三中全会明确提出,我国将加强丝绸之路经济带、21世纪海上丝绸之路建设,形成全方位开放新格局。郑州航空港经济综合实验区在2013年3月被国务院批准为首个国家级航空港经济综合实验区,定位于:国际航空物流中心、以航空经济为引领的现代产业基地、中国内陆地区对外开放重要门户、现代航空都市、中国中原经济区核心增长极。河南民航发展投资有限公司(简称河南航投)是一家河南省管国有企业,主要承担加快河南民航业发展、参与国内外航空企业重组、引领带动郑州航空港经济综合实验区建设和发展的重要使命。河南航投收购卢森堡货航35%的股权,成功与世界知名的国际航空货运物流企业合作,能够极大地推动郑州航空港建设国际物流中心。

本章主要以跨国并购的相关理论为基础,探究在"空中丝绸之路"背景下,中国企业在"走出去"的过程中,实施跨国并购活动的动机与目的,总结跨国并购的经验与教训,以期为其他中国企业实施跨国并购提供借鉴。

第一节 跨国并购的相关研究综述

一 跨国并购文献回顾

借鉴 Shimizu、Hitt 和 Vaidyanath(2004)对跨国并购进行的文献综述框架，本章系统梳理了国内外学者对跨国并购活动的研究文献。国内外学者主要沿着三大脉络研究跨国并购问题：第一，跨国并购是跨国公司进入东道国进行国际化运营的一种战略选择；第二，将跨国并购视为一个动态学习的过程；第三，将跨国并购作为一种价值创造战略。

（1）学者们认为跨国并购是跨国公司进入东道国进行国际化运营的一种战略选择。跨国并购是很多新兴经济体的跨国公司进入发达经济体的主要投资方式之一。跨国并购是快速地进入市场和并购战略资源的一种机会（Buckley，Forsans and Munjal，2012；Luo and Tung，2007；Peng，2012）。Luo 和 Tung（2007）提出了跳板理论，认为新兴经济体的跨国公司进行跨国并购主要目的是获取战略资源和减少母国的制度和市场约束，克服在全球市场的后来者劣势。也有学者应用战略目的视角探究企业跨国并购的战略目标。Rui 和 Yip（2008）研究了三个中国企业跨国并购案例。他们指出跨国并购能够达到企业的具体目标，能够克服这些中国企业在母国市场的劣势，并能够使它们在国外市场充分利用自身的竞争优势。

（2）学者们认为跨国并购被跨国公司视为一个组织学习过程。在组织学习文献中，企业被视为基于惯例的系统，而以前的经验会被编码进惯例中，成为企业未来行为的基础。Barkema 和 Vermeulen（1998）从组织学习视角研究企业跨国并购。他们提出组织学习的特征影响企业跨国并购。例如，在多部门的组织中，部门之间的交流存在障碍，知识的转移受组织层次和复杂性影响。然而，有学者发现 OLI 理论框架并不能解释新兴经济体企业跨国并购日益增加并快速成长的现象，于是 Mathews（2006）提出了 LLL（Linkage-Leverage-Learning）模型解释新兴经济体的企业对外直接投资战略的成功。

Mathews（2006）提出的 LLL 模型，调整了 Dunning 的 OLI 框架，指出来自新兴经济体的跨国公司通过链接外部企业，利用外部资源，随后在链接和利用的复制过程中学习，从而进行国际化扩张。Barkema 和 Schijven（2008）讨论并购企业如何从并购经验中学习，然后将之用在随后的并购交易中。现有研究发现母国与东道国的制度、文化等因素影响企业跨国并购，需要借助东道国的中介机构进行跨国并购活动（Child，Faulkner and Pitkethly，2001）。由于企业跨国并购活动（包括并购前调查、并购中谈判、并购后整合）具有动态性和复杂性，需要从各方面获得支持和帮助。因此，跨国并购本身就是一个动态学习成长的过程。

学习是新兴经济体跨国公司进行海外并购一个重要动机（Luo and Tung，2007；Meyer and Thaijongrak，2013）。衡量组织学习的一个重要构念是吸收能力。并购企业的吸收能力影响它识别、吸收、整合外部知识和运用外部知识进行商业化应用的能力，还会影响跨国公司海外并购的绩效（Deng，2010）。从整合管理视角看，吸收能力是中国海外并购整合方式的决定性因素之一。与组织学习相关的另一个重要问题就是知识管理中的知识转移问题（Easterby-Smith，Lyles and Tsang，2008；Van Wijk，Jansen and Lyles et al.，2008）。知识转移，作为学习结果的代理变量，依赖于跨国公司的动机和能力（Minbaeva，Pedersen and Björkman et al.，2003）。被并购子公司能够建立知识池，从而促进储存的知识从子公司流向母公司（Mudambi and Navarra，2004）。Yang、Mudambi 和 Meyer 等（2008）开创性地研究发现在母公司和被并购子公司之间传统知识流动和逆向知识流动遵从三种不同的转移逻辑。更进一步，该研究识别了在传统知识流动中组织特征的重要性，以及在逆向知识流动中知识特征的重要作用。逆向知识流动在中国企业跨国并购情景下可以应用动态能力理论（Augier and Teece，2007；Teece，2007）和资源依赖理论进行进一步研究（Xia，Ma and Lu et al.，2014）。

（3）学者们认为跨国并购被跨国公司视为一种价值创造战略。新兴经济体的企业将跨国并购作为一种价值创造战略引发了国内外学者的关注（Aybar and Ficici，2009；Tao，Liu and Gao et al.，2017）。Aybar 和 Ficici（2009）的研究发现新兴经济体的企业通过并购进行跨国扩张并不能创造价值，但是被并购企业的规模、股权结构以及并购企业的结构会正向影响并购企业的价值。而 Li 和 Wan（2016）的研究也发现跨国并购交易为并购企业创造了价值，并且文化距离与这种价值创造的程度负相关；Tao、Liu 和 Gao 等（2017）的研究发现中国企业的跨国并购声明会引起其股票在市场上短期价格上涨；Basuil 和 Datta（2015）的研究发现具有高水平的相关行业并购和区域并购经验能够为并购公司接下来的并购创造更大股东价值，并且文化的相似性会调节二者之间的关系。谢洪明、章俨和刘洋等（2019）通过案例研究发现新兴经济体企业通过环境撬动、业务撬动和平台撬动在连续跨国并购中创造价值。

二　跨国并购主要研究视角

在此主要从制度理论、文化距离、吸收能力和外来者劣势角度，梳理企业跨国并购研究的相关热点问题。

（一）制度理论视角

基于制度理论，学者们主要分析母国与东道国制度距离、东道国制度风险和母国政府制度缺陷等对跨国并购交易完成或者放弃、并购后整合等的影响（Malhotra, Lin and Farrell, 2016; Peng, 2012）。现有研究从制度理论出发，提出母国制度作为一把双刃剑，要么加速新兴经济体跨国公司的跨国并购活动，要么阻碍跨国并购活动。主要原因在于新兴经济体跨国公司在进行跨国并购活动中可能获得来自母国的资源支持，但母国也可能对特殊行业或企业规模有特殊偏好，如新兴经济体跨国公司母国可能更偏向于支持国有企业的跨国并购。而其他新兴经济体的企业跨国并购并不能得到母国的支持（Panibratov, 2017; Peng, 2012）。

另外，学者们认为跨国并购受到管制压力、东道国政府严格约束的影响并且应该通过征收更高的税收保护本国企业（Meyer, Estrin and Bhaumik et al., 2009）。因此，东道国的制度和法律法规体系是影响企业实施跨国并购的关键因素。现有研究文献应用制度理论分析企业跨国并购活动。首先，现有研究从制度距离角度探究跨国并购交易完成的可能性。制度距离主要指跨国公母公司所在的国家与被并购子公司所在的东道国之间制度环境的差异程度（Xu and Shenkar, 2002）。母国与东道国之间正式制度（管制制度）距离和非正式制度（规范制度）距离会影响跨国公司的对外直接投资行为（Dutta, Malhotra and Zhu, 2016）。现有研究发现东道国制度的完善能够提高并购选择的可能性。Demir和Hu（2016）研究指出，当资本从发达经济体流向不发达经济体时，制度距离是进入东道国市场的障碍。

新兴经济体的企业进行跨国并购时，会受到母国制度因素、民族自豪感等外部环境因素的影响，促使其进入发达经济体国家进行大规模地并购（Luo and Tung，2007；Hope，Thomas and Vyas，2011）。中国的跨国公司受到母国市场制度支撑和金融激励因素影响，更可能通过跨国并购战略提升企业的竞争优势、战略资产和收益（Deng，2012；Peng，2012）。Lee、Biglaiser 和 Staats（2014）研究指出，管制制度距离和规范制度距离负向影响并购股权的控制程度，而文化距离和地理距离正向影响并购中股权的控制程度。

（二）文化距离视角

文化距离主要用来度量不同国家文化的差异性。文化距离有很多来源，如历史、宗教和语言的差异性（Kogut and Nath，1988；Riad and Vaara，2011）。文化距离主要由权力距离、个人主义或集体主义、不确定性规避、刚毅或阴柔、长期导向或短期导向构成（Hofstede，Hofstede and Minkov，2010）。学者们研究发现文化距离从以下两个方面影响企业跨国并购活动。

（1）对并购完成的影响。大量的研究发现母国与东道国的文化距离越大，在跨国并购中更倾向于分享股权而不是完全持股（Ahern，Daminelli and Fracassi，2015；Malhotra and Gaur，2014；Slangen and Hennart，2008）。还有一些研究表明文化相近和地理相近能够吸引更多的并购交易。当前学者们关于文化差异性与跨国公司并购绩效之间的关系产生了相互冲突的研究结果。例如，Popli、Akbar 和 Kumar 等（2016）探讨了文化差异性与跨国并购中交易放弃之间的关系。他们的研究发现文化差异性负向影响跨国并购交易的完成情况，并且指出企业所拥有的文化经验会消除这种影响。与 Popli、Akbar 和 Kumar 等（2016）的研究结果相反，Li、Brodbeck 和 Shenkar 等（2017）研究发现文化差异对跨国并购绩效有正向影响。他们构建了文化吸引力理论构念，并指出文化吸引力是对外直接投资流入和并购绩效的一个预测指标。

（2）对并购后整合的影响。不同的文化有不同的管理规则，在跨国并购中将管理技巧从一个企业转移到另外一个企业比较困难。有限的文化理解会在任务安排中引起误解（Heiman，Li and Chan et al.，2008）。与国内普通的并购相比，被跨国并购子公司的高层管理人员在并购后可能会离开企业。如果被跨国并购企业中有价值的知识嵌入在这高层管理人员中，这就会对跨国并购后整合成功和绩效影响较大。实证研究发现企业文化差异与并购绩效通常有显著负相关关系（Chatterjee，Lubatkin and Schweiger et al.，1992）。

（三）吸收能力视角

现有文献主要强调了从发达经济体流向新兴经济体跨国公司母公司的知识共享问题（Elango and Pattnaik，2011）。吸收能力与新兴经济体跨国公司的跨国并购整合战略的关系引起了学者们的关注。Liu 和 Woywode（2013）认为吸收能力是企业选择整合策略所遵循的一个准则。除此之外，现有文献还强调在新兴经济体跨国公司并购取得良好绩效中吸收能力嵌入在逆向知识转移中（Nair，Demirbag and Mellahi，2015）。Buckley（2018）指出新兴经济体跨国公司并购发达经济体企业的绩效会随着其吸收能力的变化而变化。他提出想要进入发达经济体市场的新兴经济体的跨国公司需要具备拥有良好管理技能和跨国经营经验的管理人员，具备能够有效吸收和整合被并购企业的战略资源、能够执行正确的战略确保被并购的战略资源能够有效地运用到商业化终端的整合能力的管理团队。更重要的是，现有文献揭示了新兴经济体跨国公司与母国政府的政治网络连接可能在新兴经济体跨国公司的吸收能力方面起到互补性作用。因为这种政治网络连接能够促使新兴经济体跨国公司受到税收、银行贷款和长期负债的优惠，允许它们有必要的资本进行研发投入和创新，从而有助于提升新兴经济体跨国公司的吸收能力（Kotabe，Jiang and Murray，2017）。

（四）来源国劣势视角

现有文献研究发现无论是发达经济体的跨国公司还是新兴经济体的跨国公司可能都会面临外来者劣势问题。但是新兴经济体的跨国公司进行跨国并购活动，往往还会面临来源国劣势这一独特情景（Madhavan and Gupta，2017；Ramachandran and Pant，2010）。外来者劣势问题也是理解跨国并购后整合的一个重要问题。外来者劣势的概念是由 Zaheer（1995）提出的，主要是指由于母国与东道国之间地理距离、心理距离、文化距离和制度距离而产生的劣势。来源国劣势是指其他国家的组织或者消费者对新兴经济体的后发跨国公司的"歧视性""不太好的刻板印象"（Ramachandran and Pant，2010）。Madhok 和 Keyhani（2012）研究指出新兴经济体的后发企业在跨国经营过程中不仅面临外来者劣势问题，还面临来源国劣势。因为面临来源国劣势，新兴经济体跨国公司在跨国并购中，存在跨国并购的组织合法性问题，从而加大了跨国并购的交易成本和沟通成本，影响跨国并购的顺利完成和并购后整合。魏江和杨洋（2018）针对新兴经济体后发跨国公司面临来源国劣势问题，从组织身份视角，探讨了来源国劣势对新兴经济体后发跨国公司跨国并购后整合战略影响的微观机制。

第二节　河南航投和卢森堡货航概述

一　河南航投概况

河南航投是经河南省委、省政府批准，于2011年8月29日注册成立的省管国有企业，注册资本金为60亿元。主要承担着加快河南民航产业发展、参与国内外航空企业重组合作、引领带动郑州航空港经济综合实验区建设发展的重要使命。

河南航投立足促进民航产业发展，加快郑州航空港经济综合实验区建设，推动中原经济区产业转型升级。在大力推进航空企业重组工作的同时，积极参与民航基础设施建设和相关产业发展。河南航投根据《国务院关于促进民航业发展的若干意见》及《郑州航空港经济综合实验区发展规划（2013～2025年）》的精神，按照河南省委、省政府建设郑州航空港经济综合实验区的战略部署，重点发展与民航产业紧密关联的航空运输、航空物流、通用航空、金融、航空制造、航空置业、文化旅游等产业板块，围绕航空经济，努力构建重点突出、多元发展、特色鲜明、综合竞争力强的航空产业集团。

河南航投的管理运营部分主要有综合管理部、财务管理部、规划投资部、运营管理部、法律事务部、人力资源部等常规性运营管理部门，下设项目部和子公司。子公司主要有河南航投置业有限公司、河南航投物流有限公司和河南航投担保有限公司；项目部主要有卢森堡项目管理部、信息化项目部和文化旅游项目部。

二　卢森堡货航概况

卢森堡国际货运航空公司（Cargolux Airlines International）（以下简称"卢森堡货航"）成立于1970年3月4日，是一家总部位于卢森堡大公国的货运航空公司。公司采用双枢纽战略，欧美枢纽位于卢森堡芬德尔国际机场，亚太枢纽位于郑州新郑国际机场。卢森堡货航在欧洲是最大的定期全货运航空公司。公司还拥有子公司卢森堡货航意大利公司（Cargolux Italia）。

公司拥有现代化的波音747-8F和波音747-400F货机，航线覆盖全球90个目的地，在全球50余个国家拥有超过85家办事处。公司的股东包括卢森堡航空公司（Luxair）（35.1%）、河南民航发展投资有限公司（HNCA）（35%）、卢森堡国家储蓄银行（BCEE）（10.91%）、标准核顾问有限公司（SNCI）（10.67%）以及卢森堡省政府（8.32%）。

卢森堡货航秉承高质量、可信赖的理念。得益于公司成熟的经验，活体动物、易变质的海鲜产品、易变质或超大尺寸货物都可以被安全运输。公司训练有素而敬业的员工可以保证客户的货物被最可靠地运送。卢森堡货航也在其位于卢森堡的现代化两湾维修机库（Two-bay Maintenance Hangar）提供第三方维修服务，专业从事波音747维修；同时提供一系列专业维修服务，包括维修波音737、波音757、波音767和波音777。多年来，创新的概念和对质量不变的追求让卢森堡货航赢得诸多奖项，包括连续四年获得"最佳全货运航空公司"奖。卢森堡货航是欧洲航空公司协会（AEA）和国际航空运输协会（IATA）会员。

2018年，卢森堡货航总收入2633723美元，利润211206美元，股东权益1183008美元，全球员工2027人。拥有波音747-8F货机14架、波音747-400F货机11架、波音747-400 ERF货机2架。

第三节 河南航投-卢森堡货航跨国并购项目案例过程分析

一 河南航投并购卢森堡货航的背景

发展航空经济和民航产业是国家对中原经济区和郑州航空港经济综合试验区发展的战略要求。区位优势是河南省发展经济的最大优势。利用独特的区位优势发展河南经济是关键。相比于发达的高速公路和铁路等陆路交通，航空则是河南省综合交通体系中最薄弱的一环，严重制约河南省经济发展和产业布局。在此背景下，河南省委、省政府筹划郑州航空港经济综合实验区建设，将之作为引领河南省经济发展与产业结构优化和调整的突破口。

2007年10月，为加快郑州国际航空枢纽建设，河南省委、省政府批准设立郑州航空港区。2010年10月24日，经国务院批准正式设立郑州新郑综合保税区。2011年4月，根据中央编办批复精神，经河南省委、省政府批准设立郑州新郑综合保税区（郑州航空港区）管理委员会，为省政府派出机构。2012年11月17日，国务院批准《中原经济区规划》，提出以郑州航空港为主体，以综合保税区和关联产业园区为载体，以综合交通枢纽为依托，以发展航空货运为突破口，建设郑州航空港经济综合实验区。2013年3月7日，国务院批准《郑州航空港经济综合实验区发展规划（2013～2025年）》，这标志着全国首个航空港经济发展先行区正式起航。

根据《郑州航空港经济综合实验区发展规划（2013～2025）》，按照建设大枢纽、发展大物流、培育大产业、塑造大都市的总体发展思路，和建设国际航空物流中心、以航空经济为引领的现代产业基地、内陆地区对外开放的重要门户、现代航空都市、中原经济区核心增长极的战略定位，打造"一核领三区、两廊系三心、两轴连三环"的空间布局。"一核领三区"即以郑州新郑国际机场为核心，规划了北部城市综合服务区、东部临港型商展交易区、南部高端制造区；"两廊系三心"即在穿越实验区的南水北调干渠与小清河生态廊道间规划了公共文化航空金融中心、生产性服务中心和航空会展交易中心；"两轴连三环"即以穿越实验区东西南北的两条主干道为发展轴，将三条以机场为中心的环道连接起来，重点发展航空产业、高端制造业和现代服务业三大产业。

郑州航空港经济综合实验区重点发展具有临空指向性和关联性的高端产业，培育临空高端服务功能和知识创新功能，构筑中原经济区一体化框架下具有明显特色和竞争力的空港产业体系。航空物流业：以国际中转物流、航空快递物流、特色产品物流为重点，完善分拨转运、仓储配送、交易展示、加工、信息服务等配套服务功能。高端制造业：以航空设备制造及维修、电子信息、生物医药为重点，建设精密机械产品生产基地，规模化发展终端、高端产品，推动周边地区积极发展汽车电子、冷鲜食品、鲜切花等产业。现代服务业：大力发展专业会展、电子商务、航空金融、科技研发、高端商贸、总部经济等产业，打造为区域服务的产业创新中心、生产性服务中心和外向型经济发展平台。

基于以上背景，河南航投作为河南省属国有企业，充分贯彻河南省委、省政府的发展战略要求，通过具体项目，整合全球战略资源，积极实践"建设大枢纽，发展大物流，培育大产业，塑造大都市"的河南省航空经济发展战略目标。国际货运枢纽是"大枢纽"建设的重要组成部分。纵观全球航空货运枢纽发展壮大过程，均离不开基地航空公司的支撑。河南航投成立伊始就将国际航空货运产业作为公司未来发展的战略重心，积极在全球寻求货运合作项目。河南航投通过股权收购，将欧洲最大的货运航空公司引入郑州，使世界一流货运航空公司落户郑州航空港，极大地推动了郑州新郑机场国际航空货运能力提升，并提高了郑州对欧洲货物进出口的辐射能力，为郑州新郑机场国际货运枢纽的打造乃至全省"大枢纽"战略的实施，贡献了重要力量。

二 河南航投跨国并购卢森堡货航的过程

卢森堡货航当时正面临财务危机和发展困境，为了改善公司财务状况，走出发展困境，急于出售公司股权，在全球范围内寻找潜在合作伙伴，希望能够摆脱发展困境。河南航投在收购卢森堡货航时遭遇了强有力的国内外竞争对手，国内如海航集团，国外包括俄罗斯第聂伯-伏尔加航空、阿塞拜疆的丝绸之路航空等。

国际货运物流行业专家罗伯特·宋表示，欧洲需要在中国有一个集散中心，而到目前，在中国只有郑州和武汉可以实现一天到达占中国95%人口的地区，中国将第一个国家级航空港经济综合实验区给了郑州，郑州也准备在2025年左右将其建设成为一个超级枢纽。罗伯特·宋表示，河南郑州有一个国际机场，围绕这个机场布局的航空城也在建设之中，郑州的富士康生产了全球50%左右的苹果手机。郑州新郑国际机场也吸引了包括南航、深航、中国国际货运航空、俄罗斯空桥和美国联合包裹等航空货运巨头的进驻。

正是基于上述原因，河南航投才能够顺利地收购卢森堡货航。双方的初次接触是在2013年3月和5月卢森堡货航先后两次访问新郑国际机场，表达合作意向。随后，在2013年9月2日，卢森堡考察团在河南省贸易促进委员会副会长梁杰的陪同下，访问河南航投。卢森堡省省长、考察团团长贝尔纳希望通过此次会谈，为以后双方进一步的沟通和合作创造更多机会。在2013年9月，河南航投的谈判队伍就已经与卢森堡货航展开35%股权的收购谈判。2013年11月初，河南航投在力挫海航集团和第聂伯-伏尔加航空之后，初步达成了收购卢森堡货航35%股权的协议。此次收购，河南航投需要支付2.1625亿美元的对价。

根据协议草案，河南省新郑国际机场将成为卢森堡货航全球第二个枢纽机场，每周将有四班货运班机从卢森堡芬德尔国际机场飞往新郑国际机场。河南航投虽然持有35%的股权，但是拥有阻挡性权力，对卢森堡货航执行委员会和简式会议的决议拥有否决权。河南航投还将成立一个1500万美元规模的基金，用以补贴初期航班飞往郑州以及相关运营带来的亏损。除此之外，1/3的机队将郑州作为第二枢纽机场，河南航投也将与卢森堡货航联合组建新的合资货运航空公司。

三　河南航投并购卢森堡货航的效果

（一）推动以郑州为中心的国际货运航线网络迅速发展

河南航投收购卢森堡货航，搭建的空中丝绸之路，极大地促进了以郑州为中心的国际货运航线网络的发展，推动了河南临空经济的发展和产业结构的调整与优化。

2014 年 6 月，郑州 - 卢森堡国际货运航线开通，架起了横贯中欧的货运"空中丝绸之路"。随后，郑州又开通了卢森堡—郑州—芝加哥、郑州—米兰两条洲际货运航线。截至 2018 年 2 月 31 日，以郑州为中心，连接欧洲、亚洲和北美三大洲的国际货运航线网络已经基本形成。在过去的五年间，这条"空中丝绸之路"上的航班由每周 2 班增加到每周 23 班，通航地点由郑州、卢森堡增加至芝加哥、米兰、亚特兰大、伦敦、吉隆坡、新加坡等 14 个城市，航线覆盖欧洲、北美洲和亚洲的 23 个国家 100 多个城市。

卢森堡货航至郑州航线自开航至 2018 年，累计完成货运量 47.2 万吨，累计执行航班数 2707 班。卢森堡货航在全球的排名不断提升，从第九位升至第六位。从 2014 年至 2018 年，航线共实现利润 4 亿美元，货运量以 10 倍速度增长，累计为新郑国际机场贡献国际货运量近 50 万吨，对新郑国际机场货运增长量的贡献率为 79%，货运种类也由单一传统轻工业品发展到高精尖的精密仪器、活体动物等 10 余大类 200 多个品种，带动新郑国际机场货邮吞吐量跻身全球 50 强。

2018 年，新郑国际机场完成货邮吞吐量 51.5 万吨，其中国际货邮吞吐量 32.9 万吨，居全国第四位；国际航空邮件增长 75%，增速位居全国第一。其中，卢森堡货航贡献了 39%。飞机不仅拉来货物，而且带动了临空产业的发展。依托航空优势，郑州布局了智能终端、飞机租赁维修、精密机械等航空偏好型产业集群。目前，郑州已入驻富士康、中兴、酷派等终端智能制造企业约 190 家，成为全球重要的手机制造基地。2018 年，郑州航空港经济综合实验区手机产值 3083.8 亿元，比上年增长 7.3%。

（二）促进中欧人文和旅游的交流与发展

丝绸之路建设，搭起了中原地区与外界民心相通的桥梁，推动河南全面融入全球人文交流大格局。2018 年 11 月，包括偃师二里头遗址出土的青铜器及陶器、安阳殷墟出土的商代妇好方罍等 140 多件河南文物搭乘"空中丝绸之路"到达卢森堡，这些文物在卢森堡国家历史与艺术博物馆的"华夏文明之源——河南文物珍宝展"中展出，让欧洲参观者一览三千年的中华文明。

2018年4月，卢森堡旅游签证（郑州）便捷服务平台揭牌，郑州成为国内第三个能办理卢森堡签证的城市。2018年6月，河南卢森堡中心开工建设，建成后将成为河南联络世界的"国际客厅"，提供全方位的高端专业涉外服务。

在国家提出支持建设郑州—卢森堡"空中丝绸之路"一周年之际，河南航投与卢森堡芬德尔国际机场在2018年7月签署《关于开通郑州至卢森堡国际客运航线的合作意向书》。一旦客运航线开通，配合签证便利服务，将为河南及周边省区市居民出游26个申根国家带来极大便利。

第四节 河南航投并购卢森堡货航的案例分析与总结

一 河南航投跨国并购的案例分析与总结

通过对河南航投收购卢森货航股权的案例研究，可以看出本次收购主要是双方政府层面主导完成的。收购之前，双方政府部门的主要领导带队进行沟通与磋商。

卢森堡货航愿意与河南航投合作的重要原因在于双方地缘相似、优势高度互补、发展战略高度契合。卢森堡处在郑州新郑国际机场9小时的航程内，卢森堡有很多物流方面的专家，物流业是卢森堡省的优势产业之一，双方合作有很大的合作空间。

中国首个航空港经济综合实验区落户河南，具有巨大的政策优势和发展前景。另外，双方的地缘因素相似，一个是欧洲的心脏，一个是中国承东启西的交会点，将来对中国及欧洲社会、经济、文化旅游等的发展都会起到强大的辐射效应，将强力带动大物流的发展。

二 河南航投跨国并购的案例启示

（1）河南航投战略导向定位精准，紧盯国际航空货运产业。为了贯彻国家对郑州航空港经济综合实验区"国际航空物流中心"的战略定位，河南航投在成立之初就将"国际航空货运产业"作为主要发展方向,并积极推动运作河南航投-卢森堡货航合作项目,推动郑州航空港国际货运能力的提升与全球航空货运网络平台构建。

(2)面向国际,通过引进国际一流航空货运公司,提升公司国际航空货运管理能力。虽然中国航空货运产业发展迅速,但是整体规模和管理能力与世界一流水平相比还有很大差距。比较具有代表性的中国国际货运航空、东航旗下的中国货航和南航货运是国内三大货运航空。它们拥有市场、时刻、航权、政策支持等诸多便利因素,仍然面临连年亏损,三大货航航均在9小时左右,明显低于12小时国际平均标准。卢森堡货航是欧洲第一、世界第七的全球性货运航空公司,其管理模式和运营效率均居世界领先地位,其飞机日利用率指标达到15小时。河南航投通过收购卢森堡货航股权牵手国际一流货运航空公司,能够明显提升其国际航空货运能力。

第八章

结论与展望

在新兴经济体对外直接投资快速增加的环境下,我国作为新兴经济体,一直引领新兴经济体对外直接投资的增长,尤其是自我国政府实施"走出去"战略和提出"一带一路"倡议以来。在此宏观政策环境下,我国企业的对外直接投资活动出现了快速增加。在现有理论和国内外文献研究的基础上,本书通过对我国跨国公司的实证研究和案例研究,发现了一些有益的研究结论。

第一节 研究结论和研究贡献

一 研究结论

我国的跨国公司在国际化过程中,可能会因为不熟悉东道国制度、文化和法律法规等,而遭遇"外来者劣势""政治风险""局外人"等问题,由此带来企业国际化运营的高风险和高不确定性。因此,企业在进行国际化战略决策时必须充分关注上述问题,以降低国际化运营的风险和不确定性。董事会参与监督和控制企业管理层的战略决策,尤其是更为复杂的国际化战略决策。作为一种制度安排,董事会为企业管理层的战略决策提供咨询和服务,以提高战略决策的科学性。同时,董事会作为与外部组织的联结者,能够为企业带来战略决策所需要的外部资源和信息,从而为企业带来合法性。因此,如何发挥董事会对企业国际化战略实现监督、控制和资源提供的有效性，一直是学术界和实践界关注的重要问题。

本书针对我国国有跨国公司董事会治理有效性较低的现实问题，区别已有的研究，以我国上市跨国公司为样本，从资源依赖理论的角度，整合代理理论，将董事会作为资源提供者，探讨跨国公司董事会资本与国际化战略的关系。通过研究，得出以下结论。

（一）跨国公司董事会资本对其国际化战略的影响

本书通过对我国上市跨国公司的实证研究发现，国有跨国公司与非国有跨国公司的董事会资本存在明显的不同，对国际化战略的影响存在差别。

1. 国有跨国公司董事会资本对其国际化战略的影响

国有跨国公司董事会人力资本与国际化战略关系的实证研究发现，董事会中具有行业经验的董事比例与国际化程度的相关关系不显著；董事会中具有国际化经验的董事比例与国际化程度的相关关系不显著；董事会中具有国际化经验的董事比例与国际化深度的正相关关系显著；董事会中具有国际化经验的董事比例与国际化广度的负相关关系显著；董事会中具有专家角色的董事比例与国际化程度的相关关系不显著。

国有跨国公司董事会人力资本与国际化战略的关系不显著，是因为国有企业通常情况下会在我国对外直接投资政策的推动下进行海外投资，董事会作为资源提供者的职能没有发挥出来。

国有跨国公司董事会社会资本与国际化战略关系的实证研究发现，董事会中具有政治关联的董事比例和连锁董事的比例与国际化程度正相关。表明国有跨国公司通过董事会成员的政治关联和连锁董事网络能够为其国际化战略提供资源和信息。

2. 非国有跨国公司董事会资本对其国际化战略的影响

与国有跨国公司董事会资本对国际化战略的影响不同，非国有跨国公司董事会资本对其国际化战略影响的实证研究显示，非国有跨国公司董事会中具有行业经验和国际化经验的董事比例与国际化程度呈正相关关系，而其董事会中连锁董事的比例与国际化程度也呈正相关关系。研究结果表明非国有跨国公司董事会能够为企业的 CEO 及其高管团队的战略决策提供有价值的资源、信息和知识，能够发挥监督、控制和作为资源提供者的职能。然而，董事会成员的专家角色，主要是具有专家角色的独立董事的比例与国际化程度的关系不显著，表明非国有跨国公司董事会的独立董事并没有发挥应有的职能。

（二）跨国公司董事会资本、CEO权力对其国际化战略的影响

本书通过对我国上市跨国公司的实证研究发现，国有跨国公司与非国有跨国公司的董事会资本、CEO权力与国际化战略的关系明显不同。

1. 国有跨国公司董事会资本、CEO权力与国际化战略的关系

通过实证研究发现，国有跨国公司董事会人力资本与CEO权力的交互作用与国际化战略的关系不显著。而CEO权力正向直接影响国际化程度，说明国有跨国公司CEO权力越大，对国际化程度的影响越大。该研究结果表明我国国有跨国公司的董事会资本对国际化战略的影响较小，而CEO权力对国际化战略有显著的正向影响，存在CEO的堑壕效应，即国有跨国公司董事会治理的有效性受CEO权力的影响。由于国有跨国公司CEO权力较大，当CEO进行战略决策时，董事会本应履行的监督、控制和资源提供职能无法发挥作用。我国国有跨国公司的CEO通常由政府指定，权力较大，而董事会履行的职能有限。国有跨国公司进入国际市场，存在由其股权优势带来的政府对外直接投资政策的支持。根据新制度理论，国有跨国公司CEO的决策受制度压力影响，其国际化决策行为需要满足政府和企业的双重需求，较少单纯追求经济效率。因此，CEO权力越大，获得政府资源的支持程度就越高，即国有跨国公司CEO权力正向影响企业的国际化战略。

而国有企业CEO权力正向调节董事会中连锁董事的比例与国际化程度的关系，研究结果表明具有较大权力的CEO，会利用董事会的行业联结获得同行业关于国际化市场的信息和资源，为国际化战略决策服务。

2. 非国有跨国公司董事会资本、CEO权力与国际化战略的关系

实证研究显示，非国有跨国公司CEO权力负向调节董事会人力资本与国际化程度的关系，与已有研究的结论一致，表明非国有跨国公司董事会能够对CEO及其高管团队的国际化战略决策发挥监督、控制和资源提供职能。同时，研究还发现非国有跨国公司的CEO权力负向调节董事会中连锁董事的比例与国际化程度的关系。这与国有跨国公司的研究结果相反。

3. 跨国公司董事会资本与国际化战略关系的演化机制

针对新兴经济体跨国公司董事会如何发挥治理有效性的问题，本书采用案例研究方法做一探讨。本书选取我国国际化比较成功的企业——联想集团为案例。依据联想集团在国际化过程中董事长和 CEO 的更迭，本书将联想集团的国际化过程分为四个阶段，即基础阶段、关键阶段、冲突阶段和协同阶段。通过对四个阶段的研究发现，联想集团董事会资本与国际化战略的关系是一个动态过程。董事会资本与国际化战略的动态匹配提升了联想集团的国际绩效，从而增强了联想集团的国际竞争力。

具体的研究结论为：跨国公司董事会资本与国际化战略的关系是一个动态过程。企业在国际化过程中，由于董事会与外部环境的联结，会根据外部环境条件的变化调整和优化董事会的结构，以适应外部环境的变化带来的国际化战略调整。跨国公司董事会的结构优化能够为企业国际化战略的顺利实施带来关键的资源、信息和知识等，即在企业国际化战略实施的不同阶段，匹配不同的董事会资本。而跨国公司内部治理机制的调整与优化是为了充分发挥董事会治理的有效性，保障国际化战略的决策科学性，提高国际化绩效。

二 研究贡献

针对董事会治理有效性的问题，本书以我国上市跨国公司为研究样本，分别探讨了跨国公司董事会资本对国际化战略的直接影响，跨国公司董事会资本与 CEO 权力的交互作用对国际化战略的影响，以及企业董事会资本与国际化战略关系的演化机制。通过实证研究和案例研究的方法，在总结本书主要研究结论的基础上，将研究贡献归纳为以下四点。

（1）整合资源依赖理论和代理理论，将董事会治理有效性的研究拓展到对跨国公司战略的影响。本书整合资源依赖和代理理论视角，探讨跨国公司董事会人力资本、社会资本和 CEO 权力与国际化战略的关系，研究发现了董事会成员带来的资源，即董事会资本，对企业国际化战略的影响，并且它们之间的关系受 CEO 权力的调节。

（2）构建了跨国公司董事会人力资本和社会资本的测量指标，以定量分析董事会资本对企业国际化战略的影响。根据董事会人力资本和社会资本的概念，与以往研究的不同，本文使用董事会成员的行业经验、国际化经验和专家角色作为代理变量测量董事会人力资本，使用董事会成员的连锁董事网络和政治关联作为代理变量测量董事会社会资本，并构建了行业经验、国际化经验和专家角色以及连锁董事网络和政治关联的测量指标。

（3）通过研究发现，国有跨国公司与非国有跨国公司董事会资本、CEO权力与国际化战略的关系存在不同。新兴经济体跨国公司的所有权不同，跨国公司董事会成员的董事会资本存在差异，对国际化战略的影响明显不同。国有跨国公司的CEO权力既直接与国际化程度正相关，又作为调节变量正向调节董事会中连锁董事的比例与国际化程度的关系；而非国有跨国公司的CEO权力则既直接与国际化程度负相关，又作为调节变量负向调节董事会成员的国际化经验、专家角色和连锁董事网络与国际化战略的关系。

（4）以动态的视角，揭示跨国公司董事会资本与国际化战略的动态匹配机制。通过对联想集团的纵向单案例研究，发现了董事会资本与国际化战略的动态匹配机制。跨国公司董事会资本与国际化战略的关系是一个动态过程。随着跨国公司外部环境的变化，跨国公司董事会结构需要调整与优化，以便能够为企业国际化战略的顺利实施带来关键的资源、信息和知识等，即董事会资本。研究发现跨国公司在企业国际化战略实施的不同阶段，需要根据外部环境的变化，匹配不同的董事会资本。而跨国公司内部的治理机制的调整与优化是为了充分发挥董事会治理的有效性，保障国际化战略的决策科学性，提高企业的国际化绩效。

第二节 实践启示与研究局限、展望

一 实践启示

（一）对国有企业国际化运营的启示

研究结论表明国有跨国公司的CEO权力较大，董事会治理有效性偏低，不能有效履行董事会的监督、控制和资源提供的职能。因此，国有跨国公司应进一步完善董事会建设、优化董事会构成，董事会的能力应与国有跨国公司的国际化战略匹配。合理的董事会构成，能够为企业带来实施国际化战略所必需的资源、信息和知识，充分发挥董事会在国际化战略决策中的咨询和建议职能，避免 CEO 的堑壕效应，提高国际化战略决策的科学性，减少国际化运营的不确定性和降低国际化运营的风险。

国有跨国公司的董事会改革，不能只停留在董事会结构和形式上的变革，应该考虑董事会成员的能力和资源是否与国有企业国际化战略匹配，是否能够充分发挥董事会治理的有效性，应真正将董事会作为一种战略治理机制，使之对国际化战略的决策发挥应有的监督、控制和建议职能。

（二）对非国有企业国际化运营的启示

通过对非国有跨国公司的研究，发现董事会成员的行业经验、国际化经验和连锁董事网络与国际化战略的关系正相关，而董事会成员的专家角色，主要是独立董事的专家角色与国际化战略的关系不显著。因此，非国有跨国公司在组建董事会，尤其是聘任外部董事或者独立董事时，需要侧重于董事会成员的行业经验和国际化经验。同时，非国有跨国公司的 CEO 权力负向调节董事会成员的行业经验、国际化经验和连锁董事网络与企业国际化战略的关系，建议企业组建董事会时，在着重考虑外部董事是否具有行业经验、国际化经验和担任连锁董事的同时，适当控制 CEO 的权力，让具有国际化经验、行业经验和担任连锁董事的董事会成员能够更好地履行董事的职能，以发挥董事会对企业战略决策的监督和资源提供职能。

（三）对我国对外直接投资相关政策制定者的启示

对于我国对外直接投资相关政策制定者，尤其是推进我国国有企业董事会改革的相关部门而言，需要考虑无论是国有跨国公司，还是非国有跨国公司，不仅仅要遵守针对董事会的相关政策文件和法律法规，更要发挥董事会应有的职能。另外，需要考虑董事会治理有效性与 CEO 权力的平衡。企业在国际化的过程中，应当形成与其国际化战略相匹配的董事会结构和 CEO 权力，如此才能充分发挥董事会治理的有效性，尤其是发挥针对企业国际化战略的监督控制、资源提供和咨询建议职能。

二 研究局限和研究展望

(一) 研究局限

本书主要聚焦跨国公司董事会资本与国际化战略的关系。而事实上除了董事会资本之外,董事会的其他因素也会影响国际化战略。另外,本书主要以在深交所和上交所上市的跨国公司为样本,而我国还有很多跨国公司在境外上市。因此,样本的选择也有一定的局限性。而在研究董事会资本与国际化战略关系的演化机制问题上,由于案例资料获取的难度,本书只选择了单案例纵向的研究方法。事实上,选取两个案例对比分析,得到的结论可能更为严谨和可靠。例如,分别选取一家国有跨国公司和一家非国有跨国公司作为对比分析的案例。

(二) 研究展望

(1) 拓展实证研究结论的普适性,需要扩大实证研究的样本。目前的研究样本只限于国内上市的跨国公司,需要进一步收集在香港上市和在国外其他国家上市的跨国公司样本,进一步研究,以强化本研究结论的稳健性。

(2) 单一案例纵向研究得出的研究结论,需要进一步通过多案例或者多个新兴经济体的企业对比分析,以进一步验证本书得到的研究结论。

(3) 沿着该研究问题,将跨国公司高管团队纳入与董事会互动的研究情景中,进一步深入研究跨国公司董事会治理与企业国际化战略的关系。

参考文献

[1] 邓建平，曾勇．政治关联能改善民营企业的经营绩效吗［J］．中国工业经济，2009（2）：98－108．

[2] 邓新明．我国民营企业政治关联、多元化战略与公司绩效［J］．南开管理评论，2011，14（4）：4－15．

[3] 李维安，邱艾超，牛建波，等．公司治理研究的新进展：国际趋势与中国模式［J］．南开管理评论，2011（6）：13－24．

[4] 李维安．公司治理学［M］．北京：高等教育出版社，2009：26－40．

[5] 刘慧龙，张敏，王亚平，等．政治关联、薪酬激励与员工配置效率［J］．经济研究，2010（9）：134－138．

[6] 罗伯特·K. 殷．案例研究：设计与方法［M］．重庆：重庆大学出版社，2004：92．

[7] 罗仲伟，任国良，焦豪，等．动态能力、技术范式转变与创新战略——基于腾讯微信"整合"与"迭代"微创新的纵向案例分析［J］．管理世界，2014（8）：152－168．

[8] 马连福，冯慧群．董事会资本对公司治理水平的影响效应研究［J］．南开管理评论，2014（2）：46－55．

[9] 毛基业，李晓燕．理论在案例研究中的作用——中国企业管理案例论坛（2009）综述与范文分析［J］．管理世界，2010（2）：106－113．

[10] 毛基业，王伟．管理信息系统与企业的不接轨以及调适过程研究［J］．管理世界，2012（8）：147－160．

[11] 魏江, 杨洋. 跨越身份的鸿沟: 组织身份不对称与整合战略选择 [J]. 管理世界, 2018, 34 (6): 140-156.

[12] 谢洪明, 章俨, 刘洋, 等. 新兴经济体企业连续跨国并购中的价值创造: 均胜集团的案例 [J]. 管理世界, 2019, 35 (5): 161-178.

[13] 潘红波, 夏新平, 余明桂. 政府干预、政治关联与地方国有企业并购 [J]. 经济研究, 2008 (4): 41-52.

[14] 彭新敏, 吴晓波, 吴东. 基于二次创新动态过程的企业网络与组织学习平衡模式演化——海天 1971-2010 年纵向案例研究 [J]. 管理世界, 2011 (4): 138-149.

[15] 权小锋, 吴世农. CEO 权力强度、信息披露质量与公司业绩的波动性——基于深交所上市公司的实证研究 [J]. 南开管理评论, 2010 (4): 142-153.

[16] 许晖, 冯永春, 许守任. 基于动态匹配视角的供应商与关键客户关系的构建与演进——力神开发 12 家关键客户的案例研究 [J]. 管理世界, 2014 (4): 107-123.

[17] 杨忠, 张骁. 企业国际化程度与绩效关系研究 [J]. 经济研究, 2009 (2): 32-42.

[18] 张红娟, 周常宝, 孙为政, 等. 制度落差、社会资本与跨国公司海外子公司合法性 [J]. 管理学报, 2015, 12 (7): 969-975.

[19] 周常宝, 林润辉, 李康宏, 等. 跨国公司海外子公司治理研究新进展 [J]. 外国经济与管理, 2016, 38 (5): 99-112.

[20] 周建, 金媛媛, 袁德利. 董事会人力资本、CEO 权力对企业研发投入的影响研究——基于中国沪深两市高科技上市公司的经验证据 [J]. 科学学与科学技术管理, 2013, 34 (3): 170-180.

[21] 周建, 尹翠芳, 陈素蓉. 董事会团队属性对企业国际化战略的影响研究 [J]. 管理评论, 2013 (11): 133-143.

[22] Aguilera R V. Corporate governance and director accountability: An institutional comparative perspective [J]. *British Journal of Management*, 2005, 16 (S1): S39-S53.

[23] Ahern K R, Daminelli D, Fracassi C, et al. Lost in translation? —The effect of cultural values on mergers around the world [J]. *Journal of Financial Economics*, 2015, 117 (1): 165-189.

[24] Alessandri T M, Seth A. The effects of managerial ownership on international and business diversification: Balancing incentives and risks [J]. *Strategic Management Journal*, 2014, 35 (13): 2064-2075.

[25] Andrews K R. *The Concept of Corporate Strategy* [M]. Richard D. Irwin, 1980.

[26] Augier M, Teece D J. Competencies, capabilities and the neo-schumpeterian tradition [J]. *Chapters*, 2007.

[27] Aybar B, Ficici A. Cross-border acquisitions and firm value: An analysis of emerging-market multinationals [J]. *Journal of International Business Studies*, 2009, 40 (8): 1317-1338.

[28] Barkema H G, Schijven M. How do firms learn to make acquisitions? —A review of past research and an agenda for the future [J]. *Journal of Management*, 2008, 34 (3): 594-634.

[29] Barkema H G, Vermeulen F. International expansion through start-up or acquisition: A learning perspective [J]. *Academy of Management Journal*, 1998, 41 (1): 7-26.

[30] Barney J. Firm resources and sustained competitive advantage [J]. *Journal of Management*, 1991, 17 (1): 99-120.

[31] Barroso C, Villegas M M, Pérez-Calero L. Board influence on a firm's internationalization [J]. *Corporate Governance: An International Review*, 2011, 19 (4): 351-367.

[32] Basuil D A, Datta D K. Effects of industry-and region-specific acquisition experience on value creation in cross-border acquisitions: The moderating role of cultural similarity [J]. *Journal of Management Studies*, 2015, 52 (6): 766-795.

[33] Baysinger B D, Butler H N. Corporate governance and the board of direc-

tors: Performance effects of changes in board composition [J]. *Journal of Law, Economics, & Organization*, 1985, 1 (1): 101-124.

[34] Baysinger B, Hoskisson R E. The composition of boards of directors and strategic control: Effects on corporate strategy [J]. *Academy of Management Review*, 1990, 15 (1): 72-87.

[35] Becker G S. Human capital: A theoretical and empirical analysis [J]. *Journal of Political Economy*, 1964.

[36] Bennett R J, Robson P J A. The role of boards of directors in small and medium-sized firms [J]. *Journal of Small Business and Enterprise Development*, 2004, 11 (1): 95-113.

[37] Boeker W, Goodstein J. Organizational performance and adaptation: Effects of environment and performance on changes in board composition [J]. *Academy of Management Journal*, 1991, 34 (4): 805-826.

[38] Bond M, Glouharova S, Harrigan N. The political mobilization of corporate directors: Socio-economic correlates of affiliation to European pressure groups [J]. *The British Journal of Sociology*, 2010, 61 (2): 306-335.

[39] Booth J R, Deli D N. Factors affecting the number of outside directorships held by CEOs [J]. *Journal of Financial Economics*, 1996, 40 (1): 81-104.

[40] Bourgeois I L J, Eisenhardt K M. Strategic decision processes in high velocity environment: Four cases in the microcomputer industry [J]. *Management Science*, 1988, 34 (7): 816-835.

[41] Boyd B K. Board control and CEO compensation [J]. *Strategic Management Journal*, 1994, 15 (5): 335-344.

[42] Boyd B. Corporate linkages and organizational environment: A test of the resource dependence model [J]. *Strategic Management Journal*, 1990, 11 (6): 419-430.

[43] Buckley P J, Clegg L J, Cross A R, et al. The determinants of Chinese outward foreign direct investment [J]. *Journal of International Business*

Studies, 2007, 38 (4): 499 – 518.

[44] Buckley P J, Forsans N, Munjal S. Host-home country linkages and host-home country specific advantages as determinants of foreign acquisitions by Indian firms [J]. *International Business Review*, 2012, 21 (5): 878 – 890.

[45] Buckley P J. Internalisation theory and outward direct investment by emerging market multinationals [J]. *Management International Review*, 2018, 58 (2): 195 – 224.

[46] Cannella A A, Monroe M J. Contrasting perspectives on strategic leaders: Toward a more realistic view of top managers [J]. *Journal of Management*, 1997, 23 (3): 213 – 237.

[47] Capar N, Kotabe M. The relationship between international diversification and performance in service firms [J]. *Journal of International Business Studies*, 2003, 34 (4): 345 – 355.

[48] Carpenter M A, Fredrickson J W. Top management teams, global strategic posture, and the moderating role of uncertainty [J]. *Academy of Management Journal*, 2001, 44 (3): 533 – 545.

[49] Carpenter M A, Sanders W G. The effects of top management team pay and firm internationalization on MNC performance [J]. *Journal of Management*, 2004, 30 (4): 509 – 528.

[50] Carpenter M A, Westphal J D. The strategic context of external network ties: Examining the impact of director appointments on board involvement in strategic decision making [J]. *Academy of Management Journal*, 2001, 44 (4): 639 – 660.

[51] Castanias R P, Helfat C E. Managerial resources and rents [J]. *Journal of Management*, 1991, 17 (1): 155 – 171.

[52] Caves R E. *Multinational Enterprise and Economic Analysis* [M]. Cambridge University Press, 1996.

[53] Chatterjee S, Lubatkin M, Schweiger D M, et al. Cultural differences and

shareholder value in related mergers: Linking equity and human capital [J]. *Strategic Management Journal*, 1992, 13 (5): 319 – 334.

[54] Chen Y R, Huang Y L, Chen C N. Financing constraints, ownership control, and cross-border M&As: Evidence from nine east Asian economies [J]. *Corporate Governance*, 2009, 17 (6): 665 – 680.

[55] Chen H L, Hsu W T, Chang C Y. Independent directors' human and social capital, firm internationalization and performance implications: An integrated agency-resource dependence view [J]. *International Business Review*, 2016, 25 (4): 859 – 871.

[56] Chen H L. CEO Tenure and R&D investment—The moderating effect of board capital [J]. *The Journal of Applied Behavioral Science*, 2013, 49 (4): 437 – 459.

[57] Chen H L. Does board independence influence the top management team? —Evidence from strategic decisions toward internationalization [J]. *Corporate Governance: An International Review*, 2011, 19 (4): 334 – 350.

[58] Child J, Faulkner D, Pitkethly R. *The Management of International Acquisitions* [M]. Oxford: Oxford University Press, 2001.

[59] Chizema A, Liu X, Lu J, et al. Politically connected boards and top executive pay in Chinese listed firms [J]. *Strategic Management Journal*, 2015, 36 (6): 890 – 906.

[60] Coleman J S. Social capital in the creation of human capital [J]. *American Journal of Sociology*, 1988: S95 – S120.

[61] Combs J G, Ketchen D J, Perryman A A, et al. The moderating effect of CEO power on the board composition—Firm performance relationship [J]. *Journal of Management Studies*, 2007, 44 (8): 1299 – 1323.

[62] Conger J A, Lawler III E E, Finegold D L. *Corporate Boards: New Strategies for Adding Value at the Top* [M]. San Francisc: Jossey Bass, 2001.

[63] Connelly B L, Johnson J L, Tihanyi L, et al. More than adopters: Competing influences in the interlocking directorate [J]. *Organization Science*,

2011, 22 (3): 688 – 703.

[64] Daily C M, Dalton D R. Bankruptcy and corporate governance: The impact of board composition and structure [J]. *Academy of Management Journal*, 1994, 37 (6): 1603 – 1617.

[65] Dalton D R, Daily C M, Ellstrand A E, et al. Meta-analytic reviews of board composition, leadership structure, and financial performance [J]. *Strategic Management Journal*, 1998, 19 (3): 269 – 290.

[66] Dalton D R, Daily C M, Johnson J L, et al. Number of directors and financial performance: A meta-analysis [J]. *Academy of Management Journal*, 1999, 42 (6): 674 – 686.

[67] Dalton D R, Kesner I F. Composition and CEO duality in boards of directors: An international perspective [J]. *Journal of International Business Studies*, 1987, 18 (3): 33 – 42.

[68] Dalziel T, Gentry R J, Bowerman M. An integrated agency-resource dependence view of the influence of directors' human and relational capital on firms' R&D spending [J]. *Journal of Management Studies*, 2011, 48 (6): 1217 – 1242.

[69] Davis J H, Schoorman F D, Donaldson L. Toward a stewardship theory of management [J]. *Academy of Management Review*, 1997, 22 (1): 20 – 47.

[70] Delios A, Henisz W J. Political hazards, experience and sequential entry strategies: The international expansion of Japanese firms, 1980 – 1998 [J]. *Strategic Management Journal*, 2003, 24 (11): 1153 – 1164.

[71] Demir F, Hu C. Institutional differences and the direction of bilateral foreign direct investment flows: Are south-south flows any different than the rest? [J]. *World Economy*, 2016, 39 (12): 2000 – 2024.

[72] Deng P. The internationalization of Chinese firms: A critical review and future research [J]. *International Journal of Management Reviews*, 2012, 14 (4): 408 – 427.

[73] Deng P. What determines performance of cross-border M&As by Chinese companies? An absorptive capacity perspective [J]. *Thunderbird International Business Review*, 2010, 52 (6): 509-524.

[74] Denis D K, McConnell J J. International corporate governance [J]. *Journal of Financial and Quantitative Analysis*, 2003, 38 (1): 1-36.

[75] DiMaggio P, Powell W W. The iron cage revisited: Collective rationality and institutional isomorphism in organizational fields [J]. *American Sociological Review*, 1983, 48 (2): 147-160.

[76] Donaldson L, Davis J H. Stewardship theory or agency theory: CEO governance and shareholder returns [J]. *Australian Journal of Management*, 1991, 16 (1): 49-64.

[77] Dunn P. The impact of insider power on fraudulent financial reporting [J]. *Journal of Management*, 2004, 30 (3): 397-412.

[78] Dutta D K, Malhotra S, Zhu P C. Internationalization process, impact of slack resources, and role of the CEO: The duality of structure and agency in evolution of cross-border acquisition decisions [J]. *Journal of World Business*, 2016, 51 (2): 212-225.

[79] Easterby-Smith M, Lyles M A, Tsang E W K. Inter-organizational knowledge transfer: Current themes and future prospects [J]. *Journal of Management Studies*, 2008, 45 (4): 677-690.

[80] Eisenhardt K M, Graebner M E. Theory building from cases: Opportunities and challenges [J]. *Academy of Management Journal*, 2007, 50 (1): 25-32.

[81] Eisenhardt K M, Martin J A. Dynamic capabilities: What are they? [J]. *Strategic Management Journal*, 2000, 21 (10-11): 1105-1121.

[82] Eisenhardt K M. Agency theory: An assessment and review [J]. *Academy of Management Review*, 1989a, 14 (1): 57-74.

[83] Eisenhardt K M. Building theories from case study research [J]. *Academy of Management Review*, 1989b, 14 (4): 532-550.

[84] Ellstrand A E, Tihanyi L, Johnson J L. Board structure and international political risk [J]. *Academy of Management Journal*, 2002, 45 (4): 769 - 777.

[85] Elango B, Pattnaik C. Learning before making the big leap acquisition strategies of emerging market firms [J]. *Management International Review*, 2011, 51 (4): 461 - 481.

[86] Faccio M. Politically connected firms [J]. *American Economic Review*, 2006, 96 (1): 369 - 386.

[87] Fama E F, Jensen M C. Agency problems and residual claims [J]. *The Journal of Law & Economics*, 1983, 26 (2): 327 - 349.

[88] Fan J P H, Wong T J, Zhang T. Politically connected CEOs, corporate governance, and post-IPO performance of China's newly partially privatized firms [J]. *Journal of Financial Economics*, 2007, 84 (2): 330 - 357.

[89] Fernández Z, Nieto M J. Internationalization strategy of small and medium-sized family businesses: Some influential factors [J]. *Family Business Review*, 2005, 18 (1): 77 - 89.

[90] Finkelstein S, D'aveni R A. CEO duality as a double-edged sword: How boards of directors balance entrenchment avoidance and unity of command [J]. *Academy of Management Journal*, 1994, 37 (5): 1079 - 1108.

[91] Finkelstein S. Power in top management teams: Dimensions, measurement, and validation [J]. *Academy of Management Journal*, 1992, 35 (3): 505 - 538.

[92] Forbes D P, Milliken F J. Cognition and corporate governance: Understanding boards of directors as strategic decision-making groups [J]. *Academy of Management Review*, 1999, 24 (3): 489 - 505.

[93] Fox M A, Hamilton R T. Ownership and diversification: Agency theory or stewardship theory [J]. *Journal of Management Studies*, 1994, 31 (1): 69 - 81.

[94] Frankforter S A, Berman S L, Jones T M. Boards of directors and shark

repellents: Assessing the value of an agency theory perspective [J]. *Journal of Management Studies*, 2000, 37 (3): 321-348.

[95] Fried V H, Bruton G D, Hisrich R D. Strategy and the board of directors in venture capital-backed firms [J]. *Journal of Business Venturing*, 1998, 13 (6): 493-503.

[96] Gautam K, Goodstein J. Insiders and business directors on hospital boards and strategic change [J]. *Journal of Healthcare Management*, 1996, 41 (4): 423.

[97] George G, Wiklund J, Zahra S A. Ownership and the internationalization of small firms [J]. *Journal of Management*, 2005, 31 (2): 210-233.

[98] Gersick C J G. Revolutionary change theories: A multilevel exploration of the punctuated equilibrium paradigm [J]. *Academy of Management Review*, 1991, 16 (1): 10-36.

[99] Golden B R, Zajac E J. When will boards influence strategy? —Inclination × power = strategic change [J]. *Strategic Management Journal*, 2001, 22 (12): 1087-1111.

[100] Goodstein J, Gautam K, Boeker W. The effects of board size and diversity on strategic change [J]. *Strategic Management Journal*, 1994, 15 (3): 241-250.

[101] Grinyer P, McKiernan P. Generating major change in stagnating companies [J]. *Strategic Management Journal*, 1990, 11 (4): 131-146.

[102] Grossman W, Cannella A A. The impact of strategic persistence on executive compensation [J]. *Journal of Management*, 2006, 32 (2): 257-278.

[103] Guillén M F. Structural inertia, imitation, and foreign expansion: South Korean firms and business groups in China, 1987-1995 [J]. *Academy of Management Journal*, 2002, 45 (3): 509-525.

[104] Gulati R, Westphal J D. Cooperative or controlling? —The effects of CEO-board relations and the content of interlocks on the formation of joint ventures [J]. *Administrative Science Quarterly*, 1999, 44 (3): 473-506.

[105] Hambrick D C, Mason P A. Upper echelons: The organization as a reflection of its top managers [J]. *Academy of Management Review*, 1984, 9 (2): 193 –206.

[106] Hamermesh R G. *Making Strategy Work: How Senior Managers Produce Results* [M]. John Wiley & Sons Inc. , 1986.

[107] Hansen M T, Løvås B. How do multinational companies leverage technological competencies? —Moving from single to interdependent explanations [J]. *Strategic Management Journal*, 2004, 25 (8 –9): 801 –822.

[108] Haunschild P R, Beckman C M. When do interlocks matter? —Alternate sources of information and interlock influence [J]. *Administrative Science Quarterly*, 1998: 815 –844.

[109] Haynes K T, Hillman A. The effect of board capital and CEO power on strategic change [J]. *Strategic Management Journal*, 2010, 31 (11): 1145 –1163.

[110] Hayward M L A, Hambrick D C. Explaining the premiums paid for large acquisitions: Evidence of CEO hubris [J]. *Administrative Science Quarterly*, 1997: 103 –127.

[111] Heiman B A, Li W, Chan G, et al. Strategic, organizational, and cultural fit: Effects on performance in China-US joint ventures [J]. *Journal of Asia Business Studies*, 2008, 2 (2): 32 –51.

[112] Herrmann P, Datta D K. CEO experiences: Effects on the choice of FDI entry mode [J]. *Journal of Management Studies*, 2006, 43 (4): 755 –778.

[113] Herrmann P, Datta D K. CEO successor characteristics and the choice of foreign market entry mode: An empirical study [J]. *Journal of International Business Studies*, 2002: 551 –569.

[114] Herrmann P, Datta D K. Relationships between top management team characteristics and international diversification: An empirical investigation [J]. *British Journal of Management*, 2005, 16 (1): 69 –78.

[115] Hillman A J, Cannella A A, Paetzold R L. The resource dependence role

of corporate directors: Strategic adaptation of board composition in response to environmental change [J]. *Journal of Management Studies*, 2000, 37 (2): 235 – 256.

[116] Hillman A J, Dalziel T. Boards of directors and firm performance: Integrating agency and resource dependence perspectives [J]. *Academy of Ma-nagement Review*, 2003, 28 (3): 383 – 396.

[117] Hillman A J, Keim G D, Schuler D. Corporate political activity: A review and research agenda [J]. *Journal of Management*, 2004, 30 (6): 837 – 857.

[118] Hillman A J, Shropshire C, Certo S T, et al. What I like about you: A multilevel study of shareholder discontent with director monitoring [J]. *Organization Science*, 2011, 22 (3): 675 – 687.

[119] Hillman A J. Politicians on the board of directors: Do connections affect the bottom line? [J]. *Journal of Management*, 2005, 31 (3): 464 – 481.

[120] Hitt M A, Hoskisson R E, Kim H. International diversification: Effects on innovation and firm performance in product-diversified firms [J]. *Academy of Management Journal*, 1997, 40 (4): 767 – 798.

[121] Hitt M A, Shimizu K. The importance of resources in the internationalization of professional service firms: The good, the bad and the ugly [J]. *Academy of Management Journal*, 2006, 49 (6): 1137 – 1157.

[122] Hitt M A, Tihanyi L, Miller T, et al. International diversification: Antecedents, outcomes, and moderators [J]. *Journal of Management*, 2006, 32 (6): 831 – 867.

[123] Hofstede G, Hofstede G J, Minkov M. *Cultures and Organizations: Software of the Mind* (3rd edition) [M]. McGraw-Hill: New York, 2010.

[124] Hope O, Thomas W B, Vyas D, et al. The cost of pride: Why do firms from developing countries bid higher? [J]. *Journal of International Business Studies*, 2011, 42 (1): 128 – 151.

[125] Hu H W, Cui L. Outward foreign direct investment of publicly listed firms

from China: A corporate governance perspective [J]. *International Business Review*, 2014, 23 (4): 750 – 760.

[126] Huse M. Accountability and creating accountability: A framework for exploring behavioural perspectives of corporate governance [J]. *British Journal of Management*, 2005, 16 (s1): S65 – S79.

[127] Huse M. *Boards, Governance and Value Creation: The Human Side of Corporate Governance* [M]. Cambridge University Press, 2007.

[128] Jaw Y L, Lin W T. Corporate elite characteristics and firm's internationalization: CEO-level and TMT-level roles [J]. *The International Journal of Human Resource Management*, 2009, 20 (1).

[129] Jensen M C, Meckling W H. Theory of the firm: Managerial behavior, agency costs and ownership structure [J]. *Journal of Financial Economics*, 1976, 3 (4): 305 – 360.

[130] Jensen M, Zajac E J. Corporate elites and corporate strategy: How demographic preferences and structural position shape the scope of the firm [J]. *Strategic Management Journal*, 2004, 25 (6): 507 – 524.

[131] Johanson J, Vahlne J E. The internationalization process of the firm—A model of knowledge development and increasing foreign market commitments [J]. *Journal of International Business Studies*, 1977, 8 (1): 23 – 32.

[132] Johanson J, Vahlne J E. The mechanism of internationalism [J]. *International Marketing Review*, 1990, 7 (4).

[133] Johanson J, Vahlne J E. The Uppsala internationalization process model revisited: From liability of foreignness to liability of outsidership [J]. *Journal of International Business Studies*, 2009, 40 (9): 1411 – 1431.

[134] Johnson J L, Daily C M, Ellstrand A E. Boards of directors: A review and research agenda [J]. *Journal of Management*, 1996, 22 (3): 409 – 438.

[135] Johnson S, Schnatterly K, Bolton J F, et al. Antecedents of new director social capital [J]. *Journal of Management Studies*, 2011, 48 (8):

1782 – 1803.

[136] Johnson S, Schnatterly K, Hill A D. Board composition beyond independence: Social capital, human capital, and demographics [J]. *Journal of Management*, 2013, 39 (1): 232 – 262.

[137] Jones C D, Makri M, Gomez-Mejia L R. Affiliate directors and perceived risk bearing in publicly traded, family-controlled firms: The case of diversification [J]. *Entrepreneurship Theory and Practice*, 2008, 32 (6): 1007 – 1026.

[138] Judge W Q, Dobbins G H. Antecedents and effects of outside director's awareness of CEO decision style [J]. *Journal of Management*, 1995, 21 (1): 43 – 64.

[139] Judge W Q, Zeithaml C P. Institutional and strategic choice perspectives on board involvement in the strategic decision process [J]. *Academy of Management Journal*, 1992, 35 (4): 766 – 794.

[140] Kakabadse A K, Kouzmin A, Korac-Kakabadse N. Board governance and company performance: Any correlations? [J]. *Corporate Governance International Journal of Business in Society*, 2001, 1 (1): 24 – 30.

[141] Kim W C, Hwang P, Burgers W P. Multinationals' diversification and the risk-return trade-off [J]. *Strategic Management Journal*, 1993, 14 (4): 275 – 286.

[142] Kor Y Y, Misangyi V F. Outside directors' industry-specific experience and firms' liability of newness [J]. *Strategic Management Journal*, 2008, 29 (12): 1345 – 1355.

[143] Kor Y Y, Sundaramurthy C. Experience-based human capital and outside directors [J]. *International Journal of Strategic Change Management*, 2009, 1 (3): 186 – 211.

[144] Kor Y Y, Sundaramurthy C. Experience-based human capital and social capital of outside directors [J]. *Journal of Management*, 2008.

[145] Kogut B, Nath R. The effect of national culture on the choice of entry

mode [J]. *Journal of International Business Studies*, 1988, 19 (3): 411-432.

[146] Kotabe M, Jiang C X, Murray J Y. Examining the complementary effect of political networking capability with absorptive capacity on the innovative performance of emerging-market firms [J]. *Journal of Management*, 2017, 43 (4): 1131-1156.

[147] Krause R, Semadeni M, Cannella A A. External COO/presidents as expert directors: A new look at the service role of boards [J]. *Strategic Management Journal*, 2013, 34 (13): 1628-1641.

[148] Kroll M, Walters B A, Le S A. The impact of board composition and top management team ownership structure on post-IPO performance in young entrepreneurial firms [J]. *Academy of Management Journal*, 2007, 50 (5): 1198-1216.

[149] Kroll M, Walters B A, Wright P. Board vigilance, director experience, and corporate outcomes [J]. *Strategic Management Journal*, 2008, 29 (4): 363-382.

[150] Kwok C C Y, Reeb D M. Internationalization and firm risk: An upstream-downstream hypothesis [J]. *Journal of International Business Studies*, 2000, 31 (4): 611-629.

[151] Lai J H, Chen L Y, Chang S C. The board mechanism and entry mode choice [J]. *Journal of International Management*, 2012, 18 (4): 379-392.

[152] Langevoort D C. Monitoring: The behavior economics of inducing agents' compliance with legal rules [R]. University of Southern California Law School, Center for Law, Economics and Organization, Research Paper, 2001 (C01-7).

[153] Laufs K, Bembom M, Schwens C. CEO characteristics and SME foreign market entry mode choice: The moderating effect of firm's geographic experience and host-country political risk [J]. *International Marketing Re-*

view, 2016, 33 (2): 246-275.

[154] Le S A, Kroll M J, Walters B A. Outside directors' experience, TMT firm-specific human capital, and firm performance in entrepreneurial IPO firms [J]. *Journal of Business Research*, 2013, 66 (4): 533-539.

[155] Lee H, Biglaiser G, Staats J L. The effects of political risk on different entry modes of foreign direct investment [J]. *International Interactions*, 2014, 40 (5): 683-710.

[156] Lessard D R. *International Financial Management: Theory and Application* [M]. John Wiley & Sons, 1985.

[157] Lester R H, Hillman A, Zardkoohi A, et al. Former government officials as outside directors: The role of human and social capital [J]. *Academy of Management Journal*, 2008, 51 (5): 999-1013.

[158] Li C, Brodbeck F C, Shenkar O, et al. Embracing the foreign: Cultural attractiveness and international strategy [J]. *Strategic Management Journal*, 2017, 38 (4): 950-971.

[159] Li J, Wan G. China's cross-border mergers and acquisitions: A contextual distance perspective [J]. *Management and Organization Review*, 2016, 12 (3): 449-456.

[160] Li J, Yao F K. The role of reference groups in international investment decisions by firms from emerging economies [J]. *Journal of International Management*, 2010, 16 (2): 143-153.

[161] Liu Y, Woywode M. Light-touch integration of Chinese cross-border M&A: The influences of culture and absorptive capacity [J]. *Thunderbird International Business Review*, 2013, 55 (4): 469-483.

[162] Lu J W, Beamish P W. International diversification and firm performance: The S-curve hypothesis [J]. *Academy of Management Journal*, 2004, 47 (4): 598-609.

[163] Lu J, Liu X, Wright M, et al. International experience and FDI location choices of Chinese firms: The moderating effects of home country govern-

ment support and host country institutions [J]. *Journal of International Business Studies*, 2014, 45 (4): 428-449.

[164] Luo Y, Tung R L. International expansion of emerging market enterprises: A springboard perspective [J]. *Journal of International Business Studies*, 2007, 38 (4): 481-498.

[165] Luo Y, Xue Q, Han B. How emerging market governments promote outward FDI: Experience from China [J]. *Journal of World Business*, 2010, 45 (1): 68-79.

[166] Luoma P, Goodstein J. Stakeholders and corporate boards: Institutional influences on board composition and structure [J]. *Academy of Management Journal*, 1999, 42 (5): 553-563.

[167] Madhavan S, Gupta D. The influence of liabilities of origin on EMNE cross-border acquisition completion [J]. *International Business Strategy*, 2017: 143-174.

[168] Madhok A, Keyhani M. Acquisitions as entrepreneurship: Asymmetries, opportunities, and the internationalization of multinationals from emerging economies [J]. *Global Strategy Journal*, 2012, 2 (1): 26-40.

[169] Malhotra S, Gaur A S. Spatial geography and control in foreign acquisitions [J]. *Journal of International Business Studies*, 2014, 45 (2): 191-210.

[170] Malhotra S, Lin X, Farrell C. Cross-national uncertainty and level of control in cross-border acquisitions: A comparison of Latin American and US multinationals [J]. *Journal of Business Research*, 2016, 69 (6): 1993-2004.

[171] Mallette P, Fowler K L. Effects of board composition and stock ownership on the adoption of "poison pills" [J]. *Academy of Management Journal*, 1992, 35 (5): 1010-1035.

[172] Mathews J A. Dragon multinationals: New players in 21st century globalization [J]. *Asia Pacific Journal of Management*, 2006, 23 (1): 5-27.

[173] McDonald M L, Westphal J D, Graebner M E. What do they know? — The effects of outside director acquisition experience on firm acquisition per-

formance [J]. *Strategic Management Journal*, 2008, 29 (11): 1155 – 1177.

[174] McNulty T, Pettigrew A. Strategists on the board [J]. *Organization Studies*, 1999, 20 (1): 47 – 74.

[175] Melin L. Internationalization as a strategy process [J]. *Strategic Management Journal*, 1992, 13 (S2): 99 – 118.

[176] Meyer J W, Rowan B. Institutionalized organizations: Formal structure as myth and ceremony [J]. *American Journal of Sociology*, 1977: 340 – 363.

[177] Meyer K E, Thaijongrak O. The dynamics of emerging economy MNEs: How the internationalization process model can guide future research [J]. *Asia Pacific Journal of Management*, 2013, 30 (4): 1125 – 1153.

[178] Meyer K E, Estrin S, Bhaumik S K, et al. Institutions, resources, and entry strategies in emerging economies [J]. *Strategic Management Journal*, 2009, 30 (1): 61 – 80.

[179] Meznar M B, Nigh D. Buffer or bridge?: Environmental and organizational determinants of public affairs activities in American firms [J]. *Academy of Management Journal*, 1995, 38 (4): 975 – 996.

[180] Miles M B, Huberman A M. *Qualitative Data Analysis: A Sourcebook of New Methods* [M]. Sage Publications, 1984.

[181] Minbaeva D, Pedersen T, Björkman I, et al. MNC knowledge transfer, subsidiary absorptive capacity and HRM [J]. *Journal of International Business Studies*, 2003, 45 (1): 38 – 51.

[182] Mitchell J R, Shepherd D A, Sharfman M P. Erratic strategic decisions: When and why managers are inconsistent in strategic decision making [J]. *Strategic Management Journal*, 2011, 32 (7): 683 – 704.

[183] Mitchell W, Shaver J M, Yeung B. Getting there in a global industry: Impacts on performance of changing international presence [J]. *Strategic Management Journal*, 1992, 13 (6): 419 – 432.

[184] Mudambi R, Navarra P. Is knowledge power? —Knowledge flows, subsidiary power and rent-seeking within MNCs [J]. *Journal of International Business Studies*, 2004, 35 (5): 385-406.

[185] Musteen M, Datta D K, Herrmann P. Ownership structure and CEO compensation: Implications for the choice of foreign market entry modes [J]. *Journal of International Business Studies*, 2009, 40 (2): 321-338.

[186] Muth M, Donaldson L. Stewardship theory and board structure: A contingency approach [J]. *Corporate Governance: An International Review*, 1998, 6 (1): 5-28.

[187] Nahapiet J, Ghoshal S. Social capital, intellectual capital, and the organizational advantage [J]. *Academy of Management Review*, 1998, 23 (2): 242-266.

[188] Nair S R, Demirbag M, Mellahi K. Reverse knowledge transfer from overseas acquisitions: A survey of Indian MNEs [J]. *Management International Review*, 2015, 55 (2): 277-301.

[189] Nicholson G J, Kiel G C. A framework for diagnosing board effectiveness [J]. *Corporate Governance: An International Review*, 2004, 12 (4): 442-460.

[190] Oh H, Chung M H. A multilevel model of group social capital [J]. *Academy of Management Review*, 2006, 31 (3): 569-582.

[191] Ortiz-De-Mandojana N, Aragón-Correa J A, Delgado-Ceballos J, et al. The effect of director interlocks on firms' adoption of proactive environmental strategies [J]. *Corporate Governance An International Review*, 2012, 20 (2): 164-178.

[192] Osma B G. Board independence and real earnings management: The case of R&D expenditure [J]. *Corporate Governance: An International Review*, 2008, 16 (2): 116-131.

[193] Oviatt B M, McDougall P P. Toward a theory of international new ventures [J]. *Journal of International Business Studies*, 1994, 25 (1): 45-64.

[194] Oxelheim L, Gregorič A, Randøy T, et al. On the internationalization of corporate boards: The case of Nordic firms [J]. *Journal of International Business Studies*, 2013, 44 (3): 173-194.

[195] Panibratov A. Cultural and organizational integration in cross-border M&A deals: The comparative study of acquisitions made by EMNEs from China and Russia [J]. *Journal of Organizational Change Management*, 2017, 30 (7): 1109-1135.

[196] Pearce J A, Zahra S A. Board composition from a strategic contingency perspective [J]. *Journal of Management Studies*, 1992, 29 (4): 411-438.

[197] Pearce J A, Zahra S A. The relative power of CEOs and boards of directors: Associations with corporate performance [J]. *Strategic Management Journal*, 1991, 12 (2): 135-153.

[198] Peng M W, Jiang W Y. An institution-based view of international business strategy: A focus on emerging economies [J]. *Journal of International Business Studies*, 2008, 39 (5): 920-936.

[199] Peng M W. The global strategy of emerging multinationals from China [J]. *Global Strategy Journal*, 2012, 2 (2): 97-107.

[200] Peng M W, Wang D Y L, Jiang Y. An institution-based view of international business strategy: A focus on emerging economies [J]. *Journal of International Business Studies*, 2008, 39 (5): 920-936.

[201] Petersen B, Pedersen T, Sharma D D. The role of knowledge in firms' internationalisation process: Wherefrom and where to [J]. *Learning in the Internationalisation Process of Firms*, 2003: 36-55.

[202] Petrovic J. Unlocking the role of a board director: A review of the literature [J]. *Management Decision*, 2008, 46 (9): 1373-1392.

[203] Pettigrew A M. Longitudinal field research on change: Theory and practice [J]. *Organization Science*, 1990, 1 (3): 267-292.

[204] Pfeffer J, Salancik G R. *The External Control of Organizations: A Resource*

Dependence Approach [M]. NY: Harper and Row Publishers, 1978.

[205] Pfeffer J. Size and composition of corporate boards of directors: The organization and its environment [J]. *Administrative Science Quarterly*, 1972a: 218 – 228.

[206] Pfeffer J. Merger as a response to organizational interdependence [J]. *Administrative Science Quarterly*, 1972b: 382 – 394.

[207] Pfeffer J. Size, composition, and function of hospital boards of directors: A study of organization-environment linkage [J]. *Administrative Science Quarterly*, 1973: 349 – 364.

[208] Pfeffer J. *Power in Organizations* [M]. Marshfield, MA: Pitman, 1981.

[209] Ployhart R E, Moliterno T P. Emergence of the human capital resource: A multilevel model [J]. *Academy of Management Review*, 2011, 36 (1): 127 – 150.

[210] Popli M, Akbar M, Kumar V, et al. Reconceptualizing cultural distance: The role of cultural experience reserve in cross-border acquisitions [J]. *Journal of World Business*, 2016, 51 (3): 404 – 412.

[211] Powell W W, DiMaggio P J. *The New Institutionalism in Organizational Analysis* [M]. University of Chicago Press, 1991.

[212] Pugliese A, Bezemer P J, Zattoni A, et al. Boards of directors' contribution to strategy: A literature review and research agenda [J]. *Corporate Governance: An International Review*, 2009, 17 (3): 292 – 306.

[213] Pye A, Pettigrew A. Studying board context, process and dynamics: Some challenges for the future [J]. *British Journal of Management*, 2005, 16 (S1): S27 – S38.

[214] Ramachandran J, Pant A. The liabilities of origin: An emerging economy perspective on the costs of doing business abroad [J]. *Advances in International Management*, 2010, 23: 231 – 265.

[215] Ramamurti R. The Obsolescing "Bargaining Model"? —MNC-Host Developing Country Relations Revisited [J]. *Journal of International Business*

Studies, 2001, 32（1）: 23 - 39.

[216] Riad S, Vaara E. Varieties of national metonymy in media accounts of international mergers and acquisitions [J]. *Journal of Management Studies*, 2011, 48（4）: 737 - 771.

[217] Rindova V P. What corporate boards have to do with strategy: A cognitive perspective [J]. *Journal of Management Studies*, 1999, 36（7）: 953 - 975.

[218] Rui H, Yip G S. Foreign acquisitions by Chinese firms: A strategic intent perspective [J]. *Journal of World Business*, 2008, 43（2）: 213 - 226.

[219] Sambharya R B. Research notes and communications: Foreign experience of top management teams and international diversification strategies of US multinational corporations [J]. *Strategic Management Journal*, 1996, 17: 739 - 746.

[220] Sanders W M G, Carpenter M A. Internationalization and firm governance: The roles of CEO compensation, top team composition, and board structure [J]. *Academy of Management Journal*, 1998, 41（2）: 158 - 178.

[221] Schmidt S L, Brauer M. Strategic governance: How to assess board effectiveness in guiding strategy execution [J]. *Corporate Governance: An International Review*, 2006, 14（1）: 13 - 22.

[222] Scott W R. *Institutional Change and Healthcare Organizations: From Professional Dominance to Managed Care* [M]. University of Chicago Press, 2000.

[223] Scott W R. *Institutions and Organizations: Foundations for Organizational Science* [M]. London: A Sage Publication Series, 1995.

[224] Scott W R. *Institutions and Organizations: Ideas and Interest* (3rd edition) [M]. London: Sage, 2008.

[225] Selznick P. Foundations of the theory of organization [J]. *American Sociological Review*, 1948, 13（1）: 25 - 35.

[226] Sherman H D, Kashlak R J, Joshi M P. The effect of the board and executive committee characteristics on the degree of internationalization [J]. *Journal of International Management*, 1998, 4 (4): 311 – 335.

[227] Sherwin L. Building an effective board [J]. *Bank Accounting & Finance*, 2003, 16 (5): 22 – 29.

[228] Shimizu K, Hitt M A, Vaidyanath D, et al. Theoretical foundations of cross-border mergers and acquisitions: A review of current research and recommendations for the future [J]. *Journal of International Management*, 2004, 10 (3): 307 – 353.

[229] Slangen A H L, Hennart J F. Do multinationals really prefer to enter culturally distant countries through greenfields rather than through acquisitions? —The role of parent experience and subsidiary autonomy [J]. *Journal of International Business Studies*, 2008, 39 (3): 472 – 490.

[230] Stevenson W B, Radin R F. Social capital and social influence on the board of directors [J]. *Journal of Management Studies*, 2009, 46 (1): 16 – 44.

[231] Stiles P. The impact of the board on strategy: An empirical examination [J]. *Journal of Management Studies*, 2001, 38 (5): 627 – 650.

[232] Sullivan D. Measuring the degree of internationalization of a firm [J]. *Journal of International Business Studies*, 1994, 25 (2): 325 – 342.

[233] Sundaramurthy C, Lewis M. Control and collaboration: Paradoxes of governance [J]. *Academy of Management Review*, 2003, 28 (3): 397 – 415.

[234] Tallman S, Li J. Effects of international diversity and product diversity on the performance of multinational firms [J]. *Academy of Management Journal*, 1996, 39 (1): 179 – 196.

[235] Tao F, Liu X, Gao L, et al. Do cross-border mergers and acquisitions increase short-term market performance? —The case of Chinese firms [J]. *International Business Review*, 2017, 26 (1): 189 – 202.

[236] Teece D J. Explicating dynamic capabilities: The nature and microfoundations of (sustainable) enterprise performance [J]. *Strategic Management Journal*, 2007, 28 (13): 1319 – 1350.

[237] Tian J J, Haleblian J J, Rajagopalan N. The effects of board human and social capital on investor reactions to new CEO selection [J]. *Strategic Management Journal*, 2011, 32 (7): 731 – 747.

[238] Tihanyi L, Ellstrand A E, Daily C M, et al. Composition of the top management team and firm international diversification [J]. *Journal of Management*, 2000, 26 (6): 1157 – 1177.

[239] Tihanyi L, Johnson R A, Hoskisson R E, et al. Institutional ownership differences and international diversification: The effects of boards of directors and technological opportunity [J]. *Academy of Management Journal*, 2003, 46 (2): 195 – 211.

[240] Vachani S. Distinguishing between related and unrelated international geographic diversification: A comprehensive measure of global diversification [J]. *Journal of International Business Studies*, 1991, 22 (2): 307 – 322.

[241] Van Wijk R, Jansen J J, Lyles M A, et al. Inter-and intra-organizational knowledge transfer: A meta-analytic review and assessment of its antecedents and consequences [J]. *Journal of Management Studies*, 2008, 45 (4): 830 – 853.

[242] Volberda H W, Elfring T. *Rethinking Strategy* [M]. Sage, 2001.

[243] Wang C, Hong J, Kafouros M, et al. Exploring the role of government involvement in outward FDI from emerging economies [J]. *Journal of International Business Studies*, 2012, 43 (7): 655 – 676.

[244] Weber M. Bureaucracy [J]. *From Max Weber: Essays in Sociology*, 1946, 196: 232 – 235.

[245] Westphal J D, Khanna P. Keeping directors in line: Social distancing as a control mechanism in the corporate elite [J]. *Administrative Science*

Quarterly, 2003, 48 (3): 361-398.

[246] Westphal J D, Zajac E J. Who shall govern?: CEO/board power, demographic similarity, and new director Selection [J]. *Administrative Science Quarterly*, 1995: 60-83.

[247] Westphal J D. Board games: How CEOs adapt to increases in structural board independence from management [J]. *Administrative Science Quarterly*, 1998: 511-537.

[248] Xia J, Ma X, Lu J W, et al. Outward foreign direct investment by emerging market firms: A resource dependence logic [J]. *Strategic Management Journal*, 2014, 35 (9): 1343-1363.

[249] Xu D, Shenkar O. Note: Institutional distance and the multinational enterprise [J]. *Academy of Management Review*, 2002, 27 (4): 603-618.

[250] Yang Q, Mudambi R, Meyer K E, et al. Conventional and reverse knowledge flows in multinational corporations [J]. *Journal of Management*, 2008, 34 (5): 882-902.

[251] Yin R K. Discovering the future of the case study method in evaluation research [J]. *Evaluation Practice*, 1994, 15 (3): 283-290.

[252] Yukl G. How leaders influence organizational effectiveness [J]. *The Leadership Quarterly*, 2008, 19 (6): 708-722.

[253] Zaheer S. Overcoming the liability of foreignness [J]. *Academy of Management Journal*, 1995, 38 (2): 341-363.

[254] Zahra S A. International expansion of U. S. manufacturing family businesses: The effect of ownership and involvement [J]. *Journal of Business Venturing*, 2003, 18.

[255] Zahra S A, Naldi N L. The effects of ownership and governance on SMEs' international knowledge-based resources [J]. *Small Business Economics*, 2007, 29 (3): 309-327.

[256] Zahra S A, Pearce J A. Boards of directors and corporate financial performance: A review and integrative model [J]. *Journal of Management*,

1989, 15 (2): 291 - 334.

[257] Zheng W, Singh K, Mitchell W. Buffering and enabling: The impact of interlocking political ties on firm survival and sales growth [J]. *Strategic Management Journal*, 2014, 36 (11): 145 - 152.

[258] Zhou N, Guillén M F. From home country to home base: A dynamic approach to the liability of foreignness [J]. *Strategic Management Journal*, 2015, 36 (6): 907 - 917.

图书在版编目（CIP）数据

中国跨国公司董事会资本对其国际化战略的影响/周常宝著. -- 北京：社会科学文献出版社，2020.8
（航空技术与经济丛书. 研究系列）
ISBN 978 - 7 - 5201 - 6871 - 7

Ⅰ.①中… Ⅱ.①周… Ⅲ.①跨国公司 - 董事会 - 影响 - 跨国经营 - 研究 - 中国 Ⅳ.①F279.247

中国版本图书馆 CIP 数据核字（2020）第 121946 号

航空技术与经济丛书·研究系列
中国跨国公司董事会资本对其国际化战略的影响

著　　者 / 周常宝

出 版 人 / 谢寿光
组稿编辑 / 陈凤玲
责任编辑 / 田　康

出　　版 / 社会科学文献出版社·经济与管理分社（010）59367226
　　　　　 地址：北京市北三环中路甲 29 号院华龙大厦　邮编：100029
　　　　　 网址：www.ssap.com.cn

发　　行 / 市场营销中心（010）59367081　59367083
印　　装 / 三河市尚艺印装有限公司

规　　格 / 开　本：787mm × 1092mm　1/16
　　　　　 印　张：11.75　字　数：180 千字
版　　次 / 2020 年 8 月第 1 版　2020 年 8 月第 1 次印刷
书　　号 / ISBN 978 - 7 - 5201 - 6871 - 7
定　　价 / 79.00 元

本书如有印装质量问题，请与读者服务中心（010 - 59367028）联系

▲ 版权所有 翻印必究